Walter Kardinal Brandmüller – Ingo Langner
Vernünftig glauben

Das Buch erschien in italienischer Übersetzung
unter dem Titel „Ateismo? No grazie"
bei Liberia Editrice Vaticana

1. Auflage 2010
© fe-medienverlags GmbH
Hauptstr. 22, D-88353 Kißlegg
Umschlaggestaltung: Manuel Kimmerle
Fotos: Paul Badde
Druck: CPI – Ebner & Spiegel, Ulm
ISBN 978-3-86357-000-2

Printed in Germany

Walter Kardinal Brandmüller
Ingo Langner

Vernünftig glauben
Ein Gespräch über Atheismus

Inhaltsverzeichnis

Über die Partei der Atheisten
von Richard Wagner

Es gibt Fragen, und es gibt Intellektuellenfragen. Manchmal überschneiden sie sich, manchmal kommen sie sich in die Quere. Man könnte auch sagen, manche davon sind Fragen, die einen beschäftigen, andere sind da, um uns zu unterhalten. Sollte es tatsächlich so einfach sein?

Seit die Grundbedürfnisse im modernen Sozialstaat durch Rechtsmittel garantiert werden und im Gefolge davon aus Freiheit mehr Freizeit wurde, wächst das Bedürfnis nach Kurzweil stetig. Teile der Bevölkerung sind sogar der Meinung, dass es hauptsächlich um das Amüsement gehe. Sie haben ihren Kopf zur Kneipe erklärt und wundern sich nun, dass sie den generellen Kater haben.

Bekanntlich nehmen diese ihnen unerklärlich bleibenden Kopfschmerzen immer mehr überhand, und in der allgemeinen Ratlosigkeit über diesen Befund hat man die Therapie kurzerhand zur Kommunikationsform erklärt. Wäre es nicht einfacher gewesen, sich an die Aufgaben des Liturgischen zu erinnern, an den Gottesdienst, an Messe und Segen? An das Haus, das die Kirche einmal war, zumindest im Licht ihrer gotischen Vermessung? War es tatsächlich zwingend notwendig, sich aus der Hand Gottes zu begeben, um die Bekanntschaft von Camus zu machen oder gar die von Sartre? Auch so ließe sich fragen, zumindest aber provozieren. Und dass es tatsächlich eine Provokation wäre, sollte uns daran erinnern, dass wir, auf der reich kommentierten Epochenfahrt des modernen Menschen zu sich selbst, in Wahrheit in der Holzklasse sitzen. Bei Sisyphus und der Komintern.

Egal, wohin die Reise einer Gesellschaft geht, und in welcher Weise, und mit wessen Zustimmung, an den Grundfragen ändert sich nichts, wie unser Beispiel zeigt. Leben und Tod, Gott und die Welt bleiben einem auch am Boulevard erhalten. So weit das allgemein Gültige. Die Gewissheiten.

Nun aber zu den unvermeidlichen Details: Wodurch unterscheidet sich eine Intellektuellenfrage von einer Grundfrage? Und vor allem, wie unterscheidet man sie? Zunächst einmal meinen beide das Gleiche. Nehmen wir an, es handelt sich um Gott. Während die Grundfragen sich als Grundfragen mit der Allgegenwart Gottes beschäftigen, profan gesagt, mit seiner Mustergültigkeit, neigt ihre intellektuelle Ausformung dazu, den Gottesbeweis zu verhandeln.

Wo der arglose Mensch bloß fragt, stellt der Intellektuelle bereits etwas in Frage. Und das, nun schon seit gut dreihundert Jahren inflationär. Um die Sache abzukürzen, weder der Intellektuelle noch der Mensch an sich sind mit ihrer Befragung und Fragerei weitergekommen. Der Unterschied ist, dass es bei den Fragen an Gott nicht darauf ankommt, weiterzukommen, sondern jeweils seinen Platz zu erkennen. Das wäre die theologische Version zum Stand der Dinge.

Wer aber die Infragestellung Gottes als Gott beginnt, hat, bei allem Charme des Spekulativen, schließlich doch nur das wenig beglückende Gefühl, auf der Stelle zu treten. Und das bei einem Punkt, auf den es unter Umständen gar nicht ankommt. Es ist in diesem Fall der Philosoph, der passen muss.

Von Gott ist seit eh und je die Rede, seine Anrufung ist so alt wie der Mensch selbst, und das Ergebnis dieser Anrufung ist in knappster Form in den Geboten zu finden. Der Intellektuelle aber, der seine Zwischenrufe mit der kollektiven Verwertung der Innovation begründet, mit dem menschlichen Einfall, erklärt die Gottesfrage zur philosophischen Frage, weil e r nicht nur die Uhr vor Augen hat, sondern auch das Uhrwerk, das er sich vom Fachmann erklären ließ, vom Uhrmacher. Im allgemeinen Rausch des erfolgreichen Umgangs mit der Technik, vor allem mit der Mechanik, macht sich der Intellektuelle, der vorher als Denker seine Grenzen, auch die vom Glauben gesetzten, durchaus zu akzeptieren wusste, ans große Überprüfen. Er macht alles auf, wie eine Geschenkpackung und entdeckt überall – eine Funktionsweise.

Anstatt diese nun als gegeben zu betrachten, redet er der Gemeinschaft ein, sie könne sich die Funktionsweise nicht nur zu Nutze machen, sondern mit ihrer Hilfe die Grenzen des Seins entsprechend versetzen.

Es ist die wahre Unbescheidenheit des Intellektuellen als Nutznießer und Akteur der Aufklärung. Er gibt vor, das Denken voranzutreiben, als ginge es um nichts weiter als den Postillon und manchmal noch um sein gutes Pferd. So wird die Aufklärung zum Mythos und ihre Inbesitznahme zum intellektuellen Postulat. Da in der Aufklärung angeblich als Kern die Vernunft steckt, befindet man sich gleichsam in doppelter Machtposition. Als Inhaber der Vernunft erweckt man den Anschein des Maßvollen und der Mäßigung und als alles erhellender Denker hat man plötzlich das Monopol auf die Denkrichtung. Mit einem Wort, den Intellektuellen gehört die Welt, zumindest die von morgen, wie es regelmäßig bei Nachfragen heißt.

Offen bleibt nur noch eine Kleinigkeit. Sie geht von der Frage aus: Wie ist er zu seiner Vernunft gekommen? Jeder, der diese Frage einigermaßen ernsthaft zu beantworten versucht, gelangt schon bald zur Erkenntnis, dass die Rechnung ohne Gott gemacht wurde. Er ist in seiner Außenposition für diesen Intellektuellen nicht beschreibbar. Der Intellektuelle, der das Uhrwerk studiert hat, ist – welch eine Ironie – auf seine Sinne angewiesen, auf das Auge, das Ohr, die Nase, den Mund. Was er anzubieten hat, hat alles mit diesen seinen Sinnen zu tun, auch wenn er, es nicht gerne zugibt. Letzten Endes versucht er mit seinen Erkenntnissen und Bemühungen Gott zu überholen. Wer das probiert, muss aber schon weiter ausholen, als das Uhrwerk es erlaubt.

Und das geht unseren Intellektuellen schnell zu weit. Der Vorteil der Aufklärung ist nämlich auch ihr größter Nachteil. Sie macht die Welt überschaubar und sie erweckt die Täuschung, dass man dem Leben einen Sinn geben kann, ohne nach Gott zu fragen, und damit zu meinen, wer nicht nach Gott fragt, würde nach dem Menschen fragen. Nietzsche hat es in seiner Anmaßung zwar zu dem Ausruf gebracht: Gott ist tot. Er hat aber nicht gesagt: Der Mensch lebt.

Wer, bei aller Vernunft, nicht darüber stolpert, ist schnell bei einem Menschen ohne Gott. Und das aus einem einfachen Grund: Weil der Intellektuelle der Begegnung mit Gott nicht gewachsen ist. Ihm fehlt dazu die Begabung und die Demut. So sagt er sich: Wer nicht an Gott glaubt, der glaubt an den Menschen. Aber mit welchen Folgen?

Und das ist auch schon die ganze Erklärung für das Dilemma. Der Intellektuelle hat die Aufklärung zum Instrument seiner Selbstüberhebung gemacht, er behauptet damit, vor aller Augen, die Welt aus den Angeln heben zu können, wenn er es nur wollte. In Wirklichkeit ist er aber nur aus den Geboten gesprungen. Die ganze Ketzerei, auf die er so stolz ist, beschränkt sich bei genauerem Hinsehen auf eine ziemlich unseriöse Revolte gegen das Gesetz, das Gott verkörpert.

Der Erfolg dieser Frechheit aber besteht seit dreihundert Jahren darin, dass man den schuldig gebliebenen Beweis, die Sichtbarmachung der vermeintlich überflüssigen Stellung Gottes für den Lebenssinn, als Problem aus der Welt schafft, indem man das Problem für nichtig erklärt. Seither gibt es für diese Intellektuellen Gott nicht mehr. Sie sind zwar auf ihrem Weg nicht zu Herren der Welt geworden, aber die Inhaber der Beschlussfassung über diese. Die Theologen wurden aus der Agora vertrieben, um dort den Posten des Philosophen einzurichten, eine Pfründe für die beflissenen Protokollanten der Aufklärung.

Seither gibt es die öffentliche Debatte über die Religion, und diese ist regelmäßig eine Debatte über Gott. So wird jedes Religionsgespräch von der Atheismusfrage beherrscht. Angeblich gibt es Gott nicht, aber es lässt sich seltsamerweise sehr viel über ihn sagen. Vor allem auch gegen ihn, wie unsere rechthaberischen Denker meinen.

Jedes Zeitalter hat seine Religionsdebatte. Jedes Zeitalter hat die Religionsdebatte, die es verdient, auch das unsrige. Jede Religionsdebatte wird von den Sprachregelungen ihrer Zeit gesteuert. Auch diesmal ist es nicht anders. Auf der Bühne der Auseinandersetzung treten in der bekannten Aufstellung auch die Atheisten an. Sie aber, die es gewohnt sind, vom einfachen Denkerkrieg zu profitieren, nämlich aus dem Auseinanderdividieren von Glaube und Vernunft, haben nicht mit dem Strategiewechsel der Gegenseite gerechnet. Während sie sich noch, in bewährter Weise, über die himmlischen Heerscharen zu amüsieren meinten, hat die Diskussion nicht zuletzt durch Papst Benedikt XVI. eine neue Wendung genommen.

Damit aber zog sich die Atheistentruppe zu kurzer Beratung zurück, um erneut anzugreifen. Diesmal musste sogar die Prozentrechnung zur Gottesleugnung herhalten. Es war wie immer kein Beitrag zur Debatte, sondern eine List zur Munitionierung und Beschwichtigung der eigenen Truppen. Das aber ist schon das ganze Geheimnis des Atheismus-Erfolgs. Die Intellektuellen erzählen sich ihre Geschichte von Zeit zu Zeit von Neuem, als hätten sie eine neue Bilanz aufzuweisen. Von der Seele versteht der Atheist erklärtermaßen nichts, jedenfalls nicht viel, und die Materie, der er alles zuschreibt, kann er sich längst auch nicht mehr erklären. Sie wird vor seinen Augen zur Antimaterie.

Der Atheist ist im Grunde nichts weiter als der Bankrotteur, der sich zum Insolvenzverwalter erklärt hat und nun die Milchmädchenrechnung umschreibt. Er ist in Sorge, und doch voller Zuversicht, und damit verbraucht er seine ganze Glaubensfähigkeit. Atheismus ist mehr als ein Glaube, und damit auch weniger, es ist eine Ideologie.

So betrachtet, sind die Atheisten eine Partei, die sich vor allem gegen das Christentum wendet, und zwar ausdrücklich gegen den Katholizismus. Der Atheismus ist ein Phänomen der westlichen Welt. Sein Hauptfeind ist der Vatikan. Es ist sein Feindbild. Als gelte es die von ihm angeblich verteidigte säkulare Gesellschaft gegen den Vatikan zu behaupten.

Der Theologe und Kirchenhistoriker Walter Brandmüller und der Theaterwissenschaftler und Publizist Ingo Langner haben sich zu den gotteslästernden Denkfiguren der Intellektuellen aufgemacht, sie haben sie ins Gespräch gebracht, um jenseits der Ideologie des Atheismus das päpstliche Gleichgewicht von Glaube und Vernunft nochmals deutlich zu machen. Und das in einer Sprache von heute, und mit der Selbstverständlichkeit, mit der sich von Gott und der Welt, von Leben und Tod, reden lässt, ohne das Uhrwerk zu strapazieren und ohne sich selbst zum Maßstab zu erheben. Der Rest ist Dialog.

WARUM DIESES BUCH?

Als ich, Ingo Langner (57), Publizist, Theatermann und Filmemacher, Anfang des Jahres 2007 in der Frühmaschine nach Rom sitze, steckt mir eine von vielen mühseligen Glaubens-Unglaubens-Diskussionen mit ungläubigen Zeitgenossen noch in den Knochen. Von den am Abend zuvor erhaltenen atheistischen Maulschellen dröhnt mir der Kopf. Diesmal hat mich ein Oberstudienrat für die Sachsenmission Karls des Großen so gut wie persönlich verantwortlich gemacht. Zwar sind die Sachsen bereits Ende des achten Jahrhunderts getauft worden, das ist – grob gesagt – 1200 Jahre her, aber Atheisten haben ein ebenso langes Gedächtnis wie die Archive im Vatikan. Beide vergessen nichts.

Der Sonnenaufgang zu meiner Linken vertreibt meinen intellektuellen Kater. Ex oriente lux! Glühend rot liegt der Osten vor mir. Schön wie am ersten Schöpfungstag sieht der Himmel aus. Die hingehauchten Wolkenschleier schweben im Morgenrot. Wenn ich die Augen ein wenig zusammenkneife, kann ich winzige Engel darauf tanzen sehen. So, denke ich, muss es gewesen sein, als Gott sprach: „Es werde Licht". Allmählich entspanne ich mich. Berlin ist weit weg, und mir fällt ein anderer Flug nach Rom ein. Er liegt nur drei Monate zurück.

Ende Oktober 2006 bin ich mit meinem Kollegen Henryk M. Broder in den Vatikan unterwegs. Broder will für den „Spiegel" über den Gesprächsband „Der Fall Galilei und andere Irrtümer" und seine Autoren schreiben. Ich hatte mit dem Kirchenhistoriker Walter Brandmüller einen Dialog über Macht, Glaube und Wissenschaft geführt. Broder ist einer der wenigen wirklich neugierigen Journalisten in Deutschland. Er ist von Brandmüllers dickem Schlussstrich unter die weltberühmte „Causa Galilei" fasziniert. Für Walter Brandmüller ist der Inquisitionsprozess alles Mögliche gewesen, bloß kein Sündenfall der katholischen Kirche. Sein erstaunliches Fazit: Galileo Galilei irrte in der Naturwissenschaft, die Kurie irrte in der Theologie.

Im Vatikan ist Henryk M. Broder noch nie gewesen. Als wir die Schweizer Garde passieren, weiß er natürlich schon, dass Brandmüller Kirchengeschichte an der Universität Augsburg gelehrt hat und nun als Emeritus seit 1998 Präsident des Päpstlichen Komitees für Geschichtswissenschaften ist. Der Professor ist also gewissermaßen der Chefhistoriker des Vatikans. Dass Brandmüller außerdem Prälat und katholischer Priester ist, hat Broder auch schnell verstanden. Schwieriger ist es schon, ihm klarzumachen, was einen Prälaten von einem Priester unterscheidet und wieso

Brandmüller überdies als Canonicus auch noch zum Domkapitel der weltberühmten Petersbasilika gehört.

„Viel zu katholisch das Ganze?", frage ich mich und bin etwas nervös geworden. Nachdem wir im Palazzo della Canonica den Fahrstuhl verlassen haben und uns Brandmüller selbst die Wohnungstür öffnet, stellt sich ihm Henryk Broder provozierend als „säkularer Jude" vor. „Gibt es denn das überhaupt?", fragt Brandmüller hellwach zurück. Normalerweise braucht Börne-Preisträger Broder nur eine Zehntelsekunde für eine Antwort. Doch diesmal dauert es (einundzwanzig, zweiundzwanzig, dreiundzwanzig) für seine Verhältnisse eine halbe Ewigkeit, bis er antwortet: „Sie haben recht. Das gibt es nicht. Dann sage ich es so: Ich bin ein Jude, der säkular lebt."

Mit dieser salomonischen Antwort sind die Weichen gestellt. Ob im professoralen Arbeitszimmer oder in der Sakristei der Basilika San Pietro in Vaticano kurz vor der Papstmesse am Hochfest Allerheiligen: Broder fragt, Brandmüller antwortet. Als der Historiker in einem etruskischen Restaurant nobel unsere Rechnung begleicht und dann doch mangels passender Scheine Broder um 10 Euro für das Trinkgeld bitten muss, hat ihn seine alte Geistesgegenwart längst wieder im Griff: „Darauf habe ich zweitausend Jahre gewartet, dass ich einem römischen Priester einmal aushelfen kann!" Das sitzt. Wir lachen. Wenn der jüdisch-katholische Dialog doch immer so einfach wäre.

Als Henryk M. Broders Artikel im „Spiegel" erscheint, wird er dafür vor allem von seinen liberalsten Freunden kritisiert. Das ist eine neue Erfahrung für ihn. Ich kann den Missmut der Liberalen verstehen. Denn vermutlich ist noch niemals im Hamburger Nachrichtenmagazin über die Inquisition so freundlich geschrieben worden wie von Broder. Naturgemäß ist das politisch inkorrekt und darf also nicht sein.

An all das denke ich bei meinem Blick hinaus aus dem Flugzeugfenster. Kurz vor der Landung in der italienischen Hauptstadt steht mein Plan fest: Gleich nach den Dreharbeiten für meinen Film über den bayerischen Papst, für die ich jetzt in Rom bin (die Dokumentation „Benedikt XVI. – Eine deutsche Geschichte" haben im April 2007 zwei Millionen Zuschauer in der ARD gesehen), würde ich Walter Brandmüller erneut zum Dialog bitten. Diesmal soll unser Thema der Atheismus sein.

Nachdem ich Brandmüller auch für ein zweites Buchprojekt – es war schwierig genug – gewinnen konnte, treffen wir uns zum Arbeiten zunächst im Frühjahr 2007 in Rom, dann im Sommer in einem Zisterzienserkloster am Bodensee und im

Herbst des Jahres schließlich wieder im Vatikan. Wie es in Gesprächen so geht: Nicht immer folgen die Themen in strenger Logik aufeinander, und irgendwann sprechen wir nicht mehr allein über den Atheismus (wo kommt er her?, wo geht er hin?, wie viel Zeit bleibt ihm noch?), sondern über jeden Punkt im Apostolischen Glaubensbekenntnis der Christen und obendrein noch über nichts Geringeres als über die Erschaffung der Welt. Wenn es denn so etwas überhaupt gegeben hat – was Atheisten bekanntlich bestreiten.

*

War es der Sonnenaufgang über den Alpen, der verantwortlich ist für den nun vorliegenden neuen Dialog zwischen einem Kirchenhistoriker und Theologen und einem Filmemacher und Publizisten?

WAHNGEBILDE GOTT

Ingo Langner: „Warum noch glauben?", so fragte man im Herbst 2007 in verschiedenen Medien unterschiedlichster Farbgebung. Auslöser war eine Gruppe von sogenannten neuen Atheisten um den Briten Richard Dawkins. Dawkins Ton ist scharf. Ja, man kann sagen: Sein Buch „Der Gotteswahn" ist ausgesprochen aggressiv.

Walter Brandmüller: Das ist nun allerdings nichts Neues. Als Napoleon den Mathematiker Pierre-Simon Laplace nach Gott fragte, meinte Monsieur Laplace, er brauche diese Hypothese nicht. Zweihundert Jahre ist das jetzt her. Keine hundert Jahre später lässt Friedrich Nietzsche seinen „tollen Menschen" verkünden: „Gott ist tot! Wir haben ihn getötet!" Aber auch: „Wie trösten wir uns, die Mörder aller Mörder? Wer wischt dies Blut von uns ab?"

Diese Sorge quälte – noch einmal ein gutes halbes Jahrhundert danach – den Kosmonauten Juri Gagarin keineswegs: Der Held der Sowjetunion hat bei seinem Weltraumflug am 12. April 1962 nirgendwo so etwas wie Gott erblickt – wie er selbstbewusst bekennt. Heute ist es Richard Dawkins, der Gagarin „wissenschaftlich" bestätigt. Er lässt Gott nicht einmal mehr als Hypothese gelten. Für ihn ist Gott ein pures Wahngebilde, existierend nur in den Hirnen einiger geistig Zurückgebliebener.

il: Damit erntet der Oxford-Professor klingenden Ertrag, er wetteifert erfolgreich mit Dan Browns Millionenauflagen. Bemerkenswert, welche Aggressionen dieser „Gotteswahn" in Dawkins freisetzt – und deren Zielscheibe ist natürlich nicht das „Wahngebilde" Gott, sondern die Kirche, die Gott als Wirklichkeit verkündet.

wb: Die Kirche ist seit ihrem Bestehen angegriffen worden. Von wem auch immer. Schon Jesus Christus war ein Stein des Anstoßes. Seine Kirche muss es deswegen auch sein. Nichts anderes hat ihr Christus prophezeit. Das ist also Jüngerschicksal.

il: Vorgeblich geht es ganz allgemein um „die Religion". Aber wer genauer hinschaut und die Reaktionen hierzulande oder in Europa anschaut, der merkt: Die Zielscheibe sind Papst und Vatikan.

wb: Wen würde das auch wundern, hat doch – kaum war er zum Papst gewählt – Benedikt XVI. dem Atheismus beherzt den Fehdehandschuh hingeworfen: Vernunft und Glaube schließen sich nicht aus, sie gehören zusammen! Damit hat er die intellektuelle Szene gründlich aufgerührt. Kein Wunder also, dass die atheistischen Bataillone sich formieren. Und Dawkins, der Biologe, reitet mit seinem Streitross „Evolution" in die Schlacht.

il: Vor dem „Gotteswahn" hat er mit seiner These vom „egoistischen Gen" von sich Reden gemacht. Der britische Biologe führt die gesamte Entwicklung des Lebens auf die Selektion von solchen Genen zurück, die jeweils die meisten Kopien von sich anfertigen konnten. Im Laufe der Evolution hätten sich diese immer raffinierteren „Überlebensmaschinen" in Form von pflanzlichen oder tierischen oder auch menschlichen Körpern geschaffen.

wb: Wir sind also gar nicht wir, sondern nur der organische Träger für ein egoistisches Gen?

il: Das kann man so sagen. Der Biologe und Wissenschaftshistoriker Thomas P. Weber kommentiert das so: „Das Wirken von Dawkins' egoistischen Genen macht Menschen und andere Lebewesen zu gefallenen Kreaturen. Bei Dawkins wie schon bei T. H. Huxley ist die Erlösung vom erbarmungslosen Überlebenskampf der Natur nur möglich, indem der Mensch seine biologische

Natur leugnet und überwindet." Kommt Ihnen das nicht irgendwie bekannt vor?

wb: Allerdings. Das riecht doch stark nach Dualismus. Denn dort wird die materielle Welt als böse Schöpfung eines bösen Schöpfergottes negativ beurteilt – und mithin auch der menschliche Körper.

il: Für Egon Friedell ist der Darwinismus die typische Idee eines Engländers, dessen merkantiles Denken naturgemäß unentwegt um die Prinzipien Freihandel und Konkurrenz kreist: The survival of the fittest! Die am besten Angepassten überleben im Daseinskampf. Aber zur Ehrenrettung Dawkins' sei hier ausdrücklich gesagt: Er weiß immerhin schon, dass sich mit Darwin und dessen Prinzip der selektiven Evolution nicht die Entstehung von Welt und Leben erklären lässt.

wb: Das ist doch schon etwas. Üblicherweise bemühen die Darwinisten den Zufall als Weltentstehungsursache. Doch selbst nach den landläufigen naturwissenschaftlichen Kriterien kann ein Hurrikan unendlich lange über einem Schrottplatz wüten, aus den dort lagernden Teilen wird niemals ein pfeilschneller Düsenjet zum Himmel aufsteigen. Was bietet denn Dawkins als Zufallsersatz an?

il: Den Ursprung allen Seins meint er mit dem „anthropischen Prinzip" erklären zu können. Er ist geradezu vernarrt in diese Idee. In seinem „Gotteswahn" gibt es dazu zwei Kapitel: die planetarische Version und die kosmologische Version. Doch wer annimmt, dass Dawkins dort genau definiert, was das anthropische Prinzip für ihn ist – denn es existieren sehr verschiedene und sehr unterschiedliche Definitionen –, der liegt ganz falsch. Dawkins definiert nicht. Er gibt zwar ohne Weiteres zu, dass es im höchsten Grade unwahrscheinlich ist, dass es Welt und irdisches Leben überhaupt gibt. Aber die Lösung für diese Unwahrscheinlichkeit heißt für ihn nicht Gott. Natürlich nicht. Aber auch nicht Zufall, sondern das anthropische Prinzip.

wb: Aber nun sagen Sie doch bitte, was es mit diesem ominösen Prinzip auf sich hat?

il: Gerne. Wie gesagt: Dawkins beschwört es, aber er definiert es nicht. Seltsam genug. Doch andernorts wird das anthropische Prinzip so definiert: Sprachlich kommt es von griechisch „anthropos": „Mensch" und besagt, dass das Universum, das wir beobachten, für die Entwicklung intelligenten Lebens geeignet sein muss, da wir andernfalls nicht hier sein, es beobachten und physikalisch beschreiben könnten.

wb: Es ist einfach eine Tautologie, nichts weiter.

il: Gewiss. Aber Sie müssen bedenken, dass Dawkins den Darwinismus für eine Bewusstseinserweiterung hält. Das sagt er immer wieder. Möglicherweise sind wir beide „bewusstseinsmäßig" noch nicht weit genug.

wb: Vielleicht ist Darwins selektive Evolution für ihn eine Art Droge? Ein Rauschmittel zur Erzeugung von Wahnvorstellungen über die Entstehung des Lebens? Dennoch: Dawkins ist genial! Er beweist genau das Gegenteil von dem, was er behauptet. Er hasst nämlich, was es gar nicht gibt: Gott! Und er ersetzt Gott durch das anthropische Prinzip, das alles kann, was Gott können müsste, wenn es ihn denn gäbe. Ergo ist das anthropische Prinzip selbst Gott – ergo gibt es ihn, er heißt nur anders!

il: Was Dawkins verkauft, ist nur ein verdünnter Aufguss der Aufklärung. Aggression ersetzt bei ihm die Argumente. Doch das Problem ist: Er verkauft millionenfach seine Bücher, und offenbar halten nicht wenige Leser seine Thesen für wahr. Warum noch glauben?, so fragen mit Dawkins diejenigen, die sich zu den Erben der Aufklärung zählen. Angeblich wollen sie, wie ihre

„Vorfahren", zum klaren Licht des Geistes. Doch sind nicht gerade Dawkins & Company die wahren Obskuranten?

Eine nicht unwichtige Rolle spielen dabei die Medien. Atheisten wie Richard Dawkins werden zu Meisterdenkern hochstilisiert. Diese aktuelle Wiedergeburt des Gotteshasses aus dem Geist einer kühl kalkulierenden Marktwirtschaft liefert offensichtlich genau jenen Stoff, den unsere von dem weltweiten Wiedererwachen des Katholizismus entnervten Zeitgenossen so dringend brauchen.

Alle diese Bemühungen der Szientisten à la Dawkins haben etwas Verzweifeltes, und mir kommt es häufig so vor, als sei ihr Hauptmotiv, auf Teufel komm raus beweisen zuwollen, dass es Gott nicht gibt. Viele dieser sogenannten Beweise haben etwas Krampfhaftes. Es schaut aus, als gehe es im Grunde gar nicht um wissenschaftliche Erkenntnis, sondern um den Versuch, die Nichtexistenz Gottes zu beweisen. Dawkins sagt, man könne zu 98 Prozent beweisen, dass es Gott nicht gibt. Da allerdings müssten ihm die verbleibenden 2 Prozent mehr Sorgen machen als die vermeintlichen 98. Und das tun sie auch. Gänzlich sicher sein, dass es Gott nicht gibt, könne man nicht. So sagt er selbst.

DIE AUFKLÄRUNG AUFKLÄREN

wb: Hört man da nicht aus dem Hintergrund das „écrasez l'infame" Voltaires? Bei Voltaire war mit dem rüden „Zermalmt die Niederträchtige" die katholische Kirche gemeint. Die Bolschewiki haben später seine Parole in die Tat umgesetzt. Und der Engländer Bertrand Russell hat gesagt: „Ich betrachte die Religion als Krankheit, als Quelle unnennbaren Elends für die menschliche Rasse."

il: Dieser Satz scheint für Richard Dawkins der Ausgangspunkt seines Denkens zu sein. Wir leben nun schon lange im wissenschaftlichen Zeitalter, heißt es dort. Die Menschheit kommt allein durch Wissen voran und nicht durch Glauben. Für ihn ist der Glaube etwas für geistig Zurückgebliebene.

wb: Erstaunlich, mit welcher Unbefangenheit manch „kritischer" Zeitgenosse sich aus der Mottenkiste einer unaufgeklärten Aufklärung bedient! In der Tat, die Menschheit kommt durch Wissen voran! Fällt ihnen dabei aber gar nicht auf, wie ambivalent „Wissen" ist? Dieselbe Wissenschaft, die uns mini-invasive, computergestützte Operationen und so viel anderes ermöglicht – hat sie nicht auch nach Hiroshima und Auschwitz geführt?

il: Das könnte in der Tat eine Lehre aus dem 2. Weltkrieg sein!

wb: Lassen Sie mich dazu Ernst Jünger zitieren, und zwar einen Satz aus seinem 2. Pariser Tagebuch, geschrieben im März 1944: „Wir müssen den Weg, den Comte vorgezeichnet hat, zurückfinden: von der Wissenschaft über die Metaphysik zur Religion. Freilich, bergab war es weniger mühevoll ..." Die moderne Physik, meint er, bedürfe einer adäquaten Bindung durch die Königin der Wissenschaften, die Theologie!

il: Schön, dass Sie hier Ernst Jünger zitieren. Sein geistiger Weg vom „Techniker" zum „Metaphysiker" ist hochinteressant, und vielen ist unbekannt, dass Jünger noch als Hundertjähriger zur katholischen Kirche konvertiert ist. Ein geradezu klassischer Fall von Altersweisheit, nicht wahr?

wb: Möglicherweise. Doch zurück zum Ausgangsgedanken: Damit „Wissen" nicht zur Selbstzerstörung gerät, bedarf es also eines wirksamen Korrektivs, des Glaubens! Und dies gerade nicht für „geistig Zurückgebliebene"! Dafür kann ich mich auf Habermas berufen, der meint, der glaubenslose Bürger sei sogar gehalten, auch den „religiösen Weltbildern" ein „Wahrheitspotential" zuzugestehen. Er verlangt von ihnen die „Einübung in einen selbstreflexiven Umgang mit den Grenzen der Aufklärung". Die könne dann zur Überwindung eines säkularistisch verhärteten und exklusiven Selbstverständnisses der Moderne" führen. Sie können sich denken, dass mir diese Schützenhilfe durchaus willkommen ist. Auf diese Weise wird zum Wenigsten eine Christenverfolgung ausgeschlossen.

il: Sie zitieren jetzt ausgerechnet Jürgen Habermas. Das erstaunt mich. Immerhin nennt er sich bis heute einen religiös Unmusikalischen. Aber wie mir scheint, hat sich das Treffen Habermas 2004 in München noch mit dem Kardinal Ratzinger gelohnt. „Naturalistische Weltbilder genießen keineswegs prima facie Vorrang vor religiösen Auffassungen", hat Habermas damals zugegeben.

wb: Das stimmt. Das ist ein guter Schritt voran. Denkende Ungläubige wie Jürgen Habermas haben inzwischen erkannt, dass Religion eine menschliche Grundkonstante ist und absolut nichts mit mangelnder Aufklärung zu tun hat. Was mich indessen stört, ist Habermas' Begründungsansatz: Er fragt nicht: „was ist wahr?", sondern: „wie funktioniert die Gesellschaft am besten?" Gefallen hat mir aber eine gewisse Skepsis gegenüber einer allzu selbstsicheren – also unaufgeklärten – Aufklärung!

il: Sie sagen: unaufgeklärte Aufklärung. Wieso glauben Sie, die ach so stolze Aufklärung unaufgeklärt nennen zu können?

wb: Nun, die Aufklärung hat, welch ein Widerspruch, etwas Mythisches an sich, und zwar beruht sie auf dem Mythos der Absolutheit der menschlichen Vernunft. Und dieser Mythos muss aufgeklärt, die Aufklärung muss entmythologisiert werden, damit die Vernunft wirklich in ihre eigentliche Rolle eintreten kann.

il: Im „Spiegel" konnte man unlängst wieder eine dieser mythischen Aussagen lesen. Ein Religionswissenschaftler war es wohl, der meinte, von Baal über Zeus bis Jahwe, alle Götter in der Menschheitsgeschichte seien Projektionen unaufgeklärter Menschen. Wozu also heute noch einen Christengott? Die Menschen sollten sich besser auf die eigene Vernunft besinnen. Vernünftige Menschen wüssten es spätestens seit Friedrich Nietzsche: Gott ist tot!

wb: Diesen Herren könnte man mit einem anderen Spiegel-Zitat aufwarten: „Wir haben Darwin an Gottes Stelle gerückt, das Unbewusste entdeckt und die Kernspaltung zu Gut wie Böse genutzt. Und doch steht jener Teil der Menschheit, der die westliche Aufklärung im Großen und Ganzen für eine gute Idee hält, ratlos und erschrocken vor den Exzessen von Destruktivität, die uns ständig beschäftigen. Wir wissen, dass wir unendlich viel wissen, aber wir wissen nicht, warum wir so wenig damit anfangen können."

il: Hatte denn die Aufklärung von Anfang an diese negative Tendenz, die Vernunft zu verabsolutieren, einen „Mythos Vernunft" aufzubauen und mit dieser unvernünftigen Fehlform die Existenz Gottes zu bestreiten? Ist die Aufklärung schon in ihren Anfängen atheistisch gefärbt gewesen?

wb: Zunächst meine ich, dass man nicht einfach von „der Aufklärung" sprechen kann! Man muss differenzieren. Es gab diesen Impuls, von dem Sie sprechen, selbstverständlich, vor allem natürlich bei Voltaire und seinen unmittelbaren Vorgängern. Daneben gibt es aber auch Aufklärer, die am christlichen Glauben festhielten. Aufklärung weist auch nicht wenige positive Züge auf.

il: Welche positiven Züge wären das?

wb: Nun, zum Beispiel die Wendung gegen die kritiklose Übernahme konventioneller Wahrheiten, starke pädagogische Impulse, die mächtige Entfaltung der historischen Wissenschaften, die Wendung gegen Vorurteile, gegen Aberglauben, Schwärmerei und Fanatismus, die Forderung von Toleranz, nach rechtlicher Gleichstellung aller Menschen, persönlicher Freiheit und freier wirtschaftlicher Entfaltung. Nicht zu vergessen: die Meinungs- und Pressefreiheit. All das konnte natürlich auch negative Formen annehmen.

il: Und hat es ja auch.

wb: Ja, richtig. Es war aber, recht verstanden, doch positiv!

KREUZZUG DER ATHEISTEN

il: Aber der atheistische Impuls scheint in der Aufklärung sehr schnell eine wichtige Rolle gespielt zu haben. Liegt das in der Natur des Menschen?

wb: Aber natürlich! Es gibt – und zwar nicht erst seit der Aufklärung – diesen emanzipatorischen Drang des Menschen, der es nicht erträgt, sich selbst aus den Händen eines Schöpfers empfangen zu haben. Die Konsequenz wäre nämlich, dass er, wenn dem so ist, sich nicht selbst gehört, dass er also nicht sein eigener Herr ist. Wenn in diesem Zusammenhang in der Bibel davon die Rede ist, dass der Mensch durch das Essen vom Baum der Erkenntnis wie Gott werden und Gut und Böse erkennen wollte, dann heißt das nämlich im Klartext, dass der Mensch selber bestimmen wollte, was Gut und Böse ist. Es geht um die Emanzipation vom Schöpfer. Die Folgen sind bekannt.

il: Wie würden Sie es nennen, wenn sich die Mehrheit der Regierungen der Europäischen Union weigert, Gott in die europäische Verfassung hineinzunehmen?

wb: Europa ganz bewusst allein aus der Aufklärung heraus zu erklären und es allein auf eine autonome Vernunft zu gründen – denn das ist wohl die Absicht –, das würde eine Verkürzung und Verfälschung der ganzen europäischen Geistes- und Kulturgeschichte bedeuten. Diese Geschichte beginnt nicht mit Voltaire.

il: Die Geschichte beginnt nicht mit Voltaire, sagen Sie. Gerade hierin liegt der Dünkel der Aufklärung, die Hybris der Moderne überhaupt. Die Moderne meint, beim Nullpunkt beginnen zu können. Man könnte sie geradezu eine Ideologie des Nullpunktes nennen. Aber, noch einmal gefragt, kann man allein mit einer Gott ausklammernden Aufklärung ein neues Europa aufbauen?

wb: Eine gottlose Zukunft zu gestalten, wäre nur möglich, wenn es anstatt des Schöpfer-Gottes einen gleichwertigen und von allen akzeptierten Bezugspunkt gäbe, von dem allgemeinverbindliche Handlungsmaximen ausgehen. Die Vernunft kann das nicht sein, da sie als überindividuelle Instanz nicht existiert. Vernunft ist ein Vermögen, eine Fähigkeit des menschlichen Geistes, die in durchaus unterschiedlichem Maße verteilt ist. Die Vernunft ist keine Göttin, schon gar nicht jene, die man 1793 auf den Altar von Nôtre Dame gesetzt hat!

il: Sie spielen damit auf den von Robespierre geförderten „Kult des höchsten Wesens" an. Dieser Kultus ist ja merkwürdigerweise beinahe in Vergessenheit geraten. Manchem Aufklärer ist das offenbar peinlich. Deshalb kurz zur Erinnerung: Nach den Septembermorden war die Entchristianisierung eine vor allem von den Kleinbürgern getragene Massenbewegung. Kirchen wurden entweiht, es gab Bilderstürmerei. Im Oktober 1793 verbot die Commune von Paris die Abhaltung aller religiösen Zeremonien. Das Sakrale wurde dann gewissermaßen auf die sogenannte Göttin der Vernunft transferiert und am 10. November 1793 in der Kathedrale von Nôtre-Dame ein Fest ihr zu Ehren gefeiert. Doch gegen diesen Mummenschanz gab es von Anfang einen breiten Widerstand in der übrigen Bevölkerung. Auch die Revolutionäre waren sich deswegen uneins. Danton sprach von antireligiösen Maskeraden. Robespierre hat dann einen Rückzieher gemacht und die Freiheit der Religionsausübung ausgerufen. Er sah ein, einen politischen Fehler gemacht zu haben. Gleichwohl blieben die Kirchen zunächst zivilreligiöse Tempel. Mit anderen Worten: Weil man den christlichen Glauben nicht einfach politisch verbieten konnte, wurde er auf anderen Feldern bekämpft. Doch nun zurück zum Bezugspunkt Gott.

wb: Gern. Denn ohne diesen „Bezugspunkt" Gott, vor dem letzten Endes alles individuelle Handeln verantwortet werden muss, geraten wir in einen Krieg aller gegen alle, in eine Wolfsgesellschaft, in der das Recht des Stärkeren gilt. Ist es nicht längst schon dahin gekommen?

il: Sie sagten vorhin, man habe Darwin an die Stelle Gottes gesetzt. Was meinen Sie damit?

wb: Sie beziehen sich auf das Spiegelzitat? Mit „Darwin" ist wohl einfach der vulgäre Evolutionismus gemeint, der als Erklärungsschema auf alle Bereiche des Daseins ausgedehnt wird. Darwin selbst war nicht so töricht, dies tun zu wollen!

il: Warum „vulgärer Evolutionismus"? Ist die Evolutionsdebatte inzwischen vernünftiger geworden?

wb: Ja, zumindest sind in den letzten Jahrzehnten erhebliche Einwände gegen eine Verabsolutierung des Evolutionsgedankens erwogen worden – auch von Seiten der Naturwissenschaften. Und es gibt auch eine Form der Evolutionstheorie, die nicht den Anspruch erhebt, die Ursprünge von Kosmos und Mensch zu erklären. Dagegen gibt es seitens der Religion keinen Einwand!

il: Wie man weiß, hält der Schülerkreis von Joseph Ratzinger auch nach dessen Wahl zum Papst mit ihm engen Kontakt. Man trifft sich weiterhin alljährlich zu einer gemeinsamen Tagung. In den letzten beiden Jahren ging es um das Thema „Schöpfung und Evolution". Eingeladen war 2006 auch Peter Schuster, Professor am Institut für Theoretische Chemie an der Universität Wien. Er hat die übrigen Anwesenden mit dem neuesten Stand der Evolutionstheorie bekannt gemacht, deren Befürworter er ist.

wb: Ja, die Wirklichkeit wird gerade von Aufklärern gerne selektiv wahrgenommen. Am Schluss seiner rein naturwissenschaftlichen Ausführungen sagte Professor Schuster dies: „Was mich fasziniert und bewegt, ist der relativ schmale Korridor in der Vielfalt aller möglichen Welten, durch welchen der Pfad vom Anfang der naturwissenschaftlichen Vorstellungen des Urknalls bis zum heutigen Kosmos führt. Meine Freunde aus der Kosmologie sagen mir, dass eine kleine Änderung der Naturkonstanten völlig andere Welten ergeben würde. Die präbiotische oder chemische Evolution auf der Erde benötigt einen ziemlich schmalen Temperaturbereich, und die Entwicklung der Biosphäre im Sinne der biologischen Evolution von den Urformen des Lebens bis zum Menschen ging durch eine kleine Zahl von ‚Nadelöhren‘, welche durch klimatische und andere widrige Umweltbedingungen bestimmt waren. Das erfolgreiche Zusammenspiel dieser vielen Bedingungen erscheint mir höchst bemerkenswert, und hier und nicht durch Eingriffe in den Verlauf der biologischen Evolution, so könnte ich mir vorstellen, wäre Raum für einen Brückenschlag zwischen Theologie und Naturwissenschaft.“

Würden alle Naturwissenschaftler so denken, dann bräuchten wir unser Gespräch wohl nicht zu führen.

il: Ja. Doch leider geben nicht Leute wie Schuster den Takt der großen öffentlichen Debatten vor. Woran das auch immer liegen mag. Deshalb zurück zu den missionarischen Atheisten. Es gibt in deren Verlautbarungen immer wiederkehrende Adjektive wie beispielsweise „kühn" oder „mutig". Sie kämpfen in ihren Selbstaussagen einen „kühnen und mutigen Kampf gegen eine verstockte Kirche", in der es angeblich von geistig Zurückgebliebenen nur so wimmelt.

wb: Nun, wenn man Menschen, die an Gott glauben, geistig Zurückgebliebene nennt, dann müsste man auch Johannes Kepler, Galileo Galilei, Blaise Pascal, Isaak Newton, René de Kracht und Werner Heisenberg in diesen Kreis aufnehmen. Jeder von ihnen war, wenn nicht gut katholisch wie Galileo, Pascal und de Kracht, so doch gläubiger Christ. Übrigens könnte man diese Reihe noch lange fortsetzen. Es gibt darüber sogar recht interessante Literatur. Ich bitte also um etwas Vorsicht bei der Vergabe von Intelligenznoten für Gläubige.

il: Nun kennt Richard Dawkins diese Namensliste auch, und er argumentiert dagegen, dass den Genannten gar nichts anderes übrig blieb als vorzugeben, gottesgläubige Christen zu seien. Sonst hätten sie in einer von Kirche und Klerus beherrschten Welt gar keinen Raum zum Denken bekommen. Mit anderen Worten: Die Leute haben sich bloß religiös getarnt. Außerdem wartet Dawkins mit Statistiken aus der Gegenwart auf, die besagen, dass so gut wie 100 Prozent aller maßgeblichen Naturwissenschaftlicher, inklusive Nobelpreisträger, Atheisten seien. Was sagen Sie dazu?

wb: Erstens arbeitet Dawkins hier mit unbewiesenen Unterstellungen, und die historischen Tatsachen – Dawkins kennt sie offenbar nicht – sprechen eine ganz andere Sprache! Max Planck sagt etwa: „Für gläubige Menschen steht Gott am Anfang, für den Wissenschaftler am Ende aller Überlegungen." Ähnlich Werner Heisenberg: „Der erste Trunk aus dem Becher der Naturwissenschaft macht atheistisch, aber auf dem Grund des Bechers wartet Gott." In diesem Sinne äußerte sich auch der Nobelpreisträger Guglielmo Marconi. Und zum Schluss ein Klassiker – Charles Darwin: „Die Frage, ob ein Schöpfer und Regierer des Weltalls existiert, ist von den größten Geistern, welche je gelebt haben, bejahend beantwortet worden … Ich glaube, dass die Entwicklungstheorie absolut vereinbar ist mit dem Glauben an Gott." Diese wenigen Namen mögen hier für viele andere stehen.

il: Galileo Galilei wird von der Aufklärung und von großen Teilen der „Wissenschaftsfraktion" als eine ihrer Ikonen reklamiert. Ihm ist bekanntlich ein Inquisitionsprozess gemacht worden. Sie sind ein ausgesprochener Fachmann in der Causa Galilei. Sie haben mehrere Bücher darüber geschrieben. Dennoch: Galilei, sagen Sie, war gut katholisch?

wb: Ohne Zweifel. Er war sogar fromm. Wenngleich sein moralisches Leben, wenigstens in seinen Paduaner Jahren, fragwürdig war. Aber es ist bekannt, dass er z. B. eine Wallfahrt nach Loreto unternahm, dem berühmten Marienheiligtum – und ein normales katholisches Leben führte. Außerdem war Galilei durchaus theologisch gebildet. Er hatte eine Reihe von geistlichen Freunden, bis hinauf zu Kardinälen. Er war ein normaler Katholik, er wurde von Päpsten bewundert und ausgezeichnet.

il: Dennoch kam er mit der Inquisition in einen historisch berühmten Konflikt. Wir beide haben in unserem gemeinsamen Buch ausführlich über den „Fall Galilei" gesprochen. Es ist hier also nicht der Ort, das erneut ausführlich zu behandeln. Gleichwohl möchte ich an Ihr hochinteressantes Fazit zum Fall Galilei erinnern: nämlich, dass Galilei in der Naturwissenschaft irrte und die Kurie in der Theologie. Hier stutzt fast jeder.

wb: Aber so stimmt das! Die Inquisition war im Irrtum, weil sie nicht erkannte, dass der Widerspruch zwischen Heliozentrismus und Bibel nur ein scheinbarer war – und Galilei hatte Unrecht, weil er nicht beweisen konnte, was er behauptete. Dagegen hatte er im Bezug auf die Bibelerklärung Recht, insofern er erkannte, dass die Bibel nicht erklären will, was am – astronomischen – Himmel vor sich geht, sondern „wie man in den Himmel kommt". Die Inquisition hatte hingegen insofern Recht, als sie die wissenschaftstheoretischen Schwächen Galileis – im Gegensatz zu diesem selber – durchschaute. Der Fortschritt der Wissenschaft hat der Inquisition Recht gegeben. Spätestens seit Einstein spricht niemand mehr von der Sonne als dem Mittelpunkt des Universums.

il: Galilei hatte natürlich nicht als Erster erkannt, dass die Erde sich um die Sonne dreht, wie manche bis heute annehmen. Galilei war aber davon überzeugt, die Erdbewegung um die Sonne auch beweisen zu können. Das konnte er jedoch nicht. Seine Beweise, wie Ebbe und Flut, haben zu Recht schon seinerzeit niemanden überzeugt. Das, unter anderem, war Galileis Problem.

Jedoch faszinierend ist für mich über diese ganze Inquisitionsprozessdiskussion hinaus, dass Galilei ein ganz entschiedenes Harmoniebewusstsein hatte. Allein im Kreis sah Galilei die perfekte Form. Deshalb war er fest davon überzeugt, dass die Umlaufbahnen der Planeten kreisförmig sind.

Daran hielt er auch noch fest, als Kepler die elliptischen Umlaufbahnen errechnet hatte. Gegen die Ellipse hat sich Galilei mit heftiger Polemik gewehrt. Er war bekanntlich ein großer Polemiker. Gleichwohl hat er sich auch hier fundamental geirrt. Was für mich ein lehrreiches Beispiel dafür ist, dass der Mensch immer wieder Opfer seiner selbst produzierten Ideen ist.

Aber zurück zur Gottesfrage. Friedrich Nietzsche sagte: Gott ist tot! Und was sagt Walter Brandmüller dazu?

wb: Gott ist tot? Wirklich? Woher weiß Nietzsche das? Gott ist zumindest in der Diskussion äußerst präsent. Robert Spaemann spricht von der Existenz Gottes als einem „unsterblichen Gerücht"! Aber, zur Sache! Selbst Baal und Zeus können übrigens gar nicht tot sein. Sie konnten gar nicht sterben, denn sie haben ohnehin nur in den Gedanken derer existiert, die sie sich ausgedacht hatten. Gott als Projektion des unaufgeklärten Menschen? Auf die Idee ist schon Ludwig Feuerbach gekommen: „Der Mensch schuf Gott nach seinem Bilde" hatte er, das Bibelwort (dort heißt es im Buch Genesis: „Gott schuf den Menschen nach seinem Bilde") pervertierend, gemeint. Der große Prophet des Atheismus glaubt also, dass der Mensch sich dieses Fantasieprodukt Gott schafft und in diesem alles verwirklicht sieht, was er selbst nicht hat: Projektion seiner Wunsch- oder auch Angstvorstellungen, die dann auf der Leinwand des menschlichen Bewusstseins als Gottesbild erscheinen. Damit ist aber die Frage, wieso der Mensch zu der Idee „Gott" überhaupt kommt, immer noch offen!

Natürlich ist aber auch daran etwas Wahres – denn viele haben sich in der Tat ihren „Gott" nach Maß anfertigen lassen – nach ihrem Maß. Das hat aber mit einem authentischen Gottesbegriff nichts zu tun. Deshalb meine ich, sollte man zuallererst prüfen, was denn das für ein „Gott" ist, der da abgelehnt werden soll. Ich habe den Verdacht, dass die meisten dieser „Götter" in Wirklichkeit nur Zerrbilder sind, die mit dem Gott des christlichen Glaubensbekenntnisses nichts zu tun haben. Im

Übrigen habe ich längst den Eindruck gewonnen, dass viele ein Christentum, eine Kirche ablehnen, ja bekämpfen, von denen sie keine Ahnung außer jener von Lieschen Müller haben!

il: Das kann ich nur bestätigen. Der gewöhnliche Atheist kennt seine Heroen der Aufklärung gut. Voltaire, Lessing und Freud: Er hat sie alle gelesen. Aber in den katholischen Katechismus schaut er nicht hinein. Da will er auch nicht hineinschauen. Denn scheinbar weiß er ja bereits alles über die schreckliche Kirche und ihren schrecklichen Glauben. Doch unabhängig davon: Was, bitte, ist ein „authentischer Gottesbegriff"? Woran kann man erkennen, ob man zum wahren Gott betet oder einem Idol nachläuft? Woran kann man erkennen, ob jemand auf der falschen Fährte ist oder an den wahren Gott glaubt? Ich meine, wenn Sie sagen, ja, bei Baal und bei Zeus da gebe ich das zu, das haben die Menschen sich ausgedacht, da hatte Feuerbach ja eigentlich ganz Recht. Aber bei unserem christlichen Gott, da sieht die Sache ganz anders aus.

Was macht Sie so sicher, dass nicht auch Sie einem Baal nachlaufen?

wb: Philosophie und Theologie haben längst solche Projektionen wie Baal und Zeus entlarvt, und gerade mit jener Vernunft, die von einer gewissen Seite so gerne strapaziert wird, einen Begriff von Gott erarbeitet, der jeder – aber nur jeder vernünftigen – Kritik standhält. Natürlich lässt dieser „Gott der Philosophen" am Ende die menschliche Vernunft immer noch weit hinter – bzw. unter – sich. Wäre das nicht so, wäre er nicht Gott. Und wenn jemand einen Gottesbegriff hat, der nicht einen unendlichen, absoluten Geist meint, dann befindet er auf der falschen Bahn.

il: Was soll denn das sein: ein unendlicher, absoluter Geist?

wb: Dieser Gott ist nicht irgendeine nebulöse Macht, Energie etc., nicht „etwas" also, sondern „Jemand", ursprungsloser, unendlicher Geist und Wille, und so schöpferische Ursache alles Seienden.

GOTTESBEWEISE

il: Ist Gott einem Atheisten zu beweisen?

wb: Ich frage Sie dagegen: Was verstehen Sie unter Beweis? Und, was verstehen Sie unter Gott? Wenn Sie dabei an einen mathematischen, physikalischen, chemischen, biologischen, überhaupt naturwissenschaftlichen Beweis denken, dann kann man Gott nicht beweisen. Er lässt sich weder mit Zahl, Maß, Gewicht noch mit chemischen Formeln oder Ähnlichem fassen. Einer geistigen Realität, und das ist Gott, können Sie nicht mit naturwissenschaftlichen Methoden habhaft werden.

Hingegen gibt es philosophische Gründe für den Glauben an Gott. Thomas von Aquin hat die bekannten fünf Wege zur Erkenntnis Gottes formuliert. Natürlich können diese hier nicht dargestellt, wohl aber angedeutet werden. Der erste ist der kausale Gottesbeweis: Alles, was ist, muss eine Ursache für seine Existenz haben. Am Ende muss aber dann eine selbst nicht mehr verursachte Ursache stehen. Schon Aristoteles hatte von dem „ersten unbewegten Bewegenden" gesprochen. Auch die Tatsache, dass Welt und Mensch sinnvoll eingerichtet und der Vervollkommnung fähig sind, lässt auf ein intelligentes Wesen schließen, das an oberster Stelle stehend Plan und Ziel vorzugeben vermag. Eine moderne Variante: Die physikalischen Naturkonstanten sind dergestalt miteinander in Harmonie und aufeinander abgestimmt, dass Leben entstehen konnte. Würden diese Konstanten nur um geringe Promille abweichen, wäre Leben unmöglich. Auf diesen oder ähnlichen Wegen vermag man in der Tat – eine grundsätzliche

Offenheit des Denkens einmal vorausgesetzt – die Existenz Gottes einsichtig zu machen.

Wer an den Schöpfer von Mensch und Universum glaubt, springt also nicht mit verbundenen Augen vom Zehnmeterbrett in ein vielleicht gefülltes Becken. Man kann mit vernünftigen Überlegungen durchaus zur Erkenntnis der Existenz Gottes gelangen. Immer wieder aber geht es darum, ob ich meine persönliche oder die allgemeine menschliche Erfahrung zum absoluten Kriterium mache oder aber bereit bin, zu akzeptieren, dass der Bereich des Seienden und des Möglichen größer ist als mein Vorstellungs- bzw. mein Denkvermögen.

Eigentlich dürfte es gar nicht so schwierig sein, von dem ebenso naiven wie arroganten Standpunkt dieses „Ich glaube nur, was ich sehe" loszukommen, wenn man bedenkt, wie wenig wir allein von der materiellen Welt kennen und wissen. Von da aus kann man sehr wohl zu der Einsicht gelangen, dass es Dimensionen der Wirklichkeit gibt, zu denen die bloße Vernunft keinen Zugang gewährt.

Der Glaube setzt überdies die Vernunft nicht außer Kraft, sondern erweitert, schärft unser Erkenntnisvermögen, wie etwa ein Elektronenmikroskop unser Sehvermögen potenziert. Voraussetzung ist dann nur, dass die Zuverlässigkeit dieses

Instruments „Glaube" geprüft und gesichert ist. Hier tritt in der Tat die Vernunft in Aktion. Und darum geht es ja in unserem Diskurs. Doch davon soll später noch die Rede sein. Da fällt mir übrigens auch Matthias Claudius ein: „Seht ihr den Mond dort stehen, er ist nur halb zu sehen, und ist doch rund und schön. So sind gar manche Sachen, die wir getrost verlachen, weil unsere Augen sie nicht sehn." Er hatte eine Ahnung von den Grenzen der Vernunft!

il: In den Augen unserer Widersacher ist das Gedicht von Matthias Claudius vermutlich kein taugliches Argument gegen einen „naturwissenschaftlichen Anti-Gottesbeweis".

wb: Das mag sein. Aber sein Gedicht gefällt mir, und ich erinnere mich dabei an Goethe, der in seinem „Faust" den weltanschaulichen Reduktionismus gewisser Naturwissenschaftler bereits von Mephistopheles verspotten lässt: „Daran erkenn ich den gelehrten Herrn! Was ihr nicht tastet, steht euch meilenfern, was ihr nicht fasst, das fehlt euch ganz und gar, was ihr nicht rechnet, glaubt ihr, sei nicht wahr, was ihr nicht wägt, hat für euch kein Gewicht, was ihr nicht münzt, das meint ihr, gelte nicht." So weit der Teufel persönlich.

il: Für den Atheisten von heute ist ein allmächtiger Vater im Himmel nichts als Wunsch und Wahn einer patriarchalischen Gesellschaft. Also ein reaktionärer Anachronismus. So etwa argumentiert Dawkins in seinem jüngsten Buch „Der Gotteswahn", mit dem er, missionarisch unterwegs, in den USA den Atheismus salonfähig machen möchte – wie gesagt, ein Bestseller auch in Deutschland. Einer der Rezensenten hat es sogar das aufregendste Buch des Jahres 2007 genannt. Mit der These „Gott ist ein unverzeihlicher menschlicher Wunschtraum" möchte die Dawkinsgruppe das Alte Testament vom Tisch fegen und am liebsten das Neue gleich mit. Ich sage „Dawkinsgruppe", denn es gehören noch andere Angelsachsen und auch Franzosen dazu.

wb: Aber ich bitte Sie, das ist doch nichts anderes als aufgewärmter Feuerbach. „Gottvater" als Wunschtraum! Dazu eine Gegenfrage: Muss es denn ein Wunschtraum sein – oder steht dahinter nicht auch eine existentielle Erfahrung, wenn man diesen Gott „Vater" nennt? Auch die patriarchalische Gesellschaft, die, wie man meint, einen Vater-Gott projiziert, muss doch eine Vater-Erfahrung haben!

il: Vielleicht muss ich dann doch differenzierter fragen. Es kommt ganz offenbar Bewegung in die säkulare Welt. Ja, Bewegung sogar dort, wo man geistig ansonsten ziemlich unflexibel ist, wo man bisher diesen geistigen Dünkel gepflegt hat.

Denn inzwischen gibt es „dort drüben" Stimmen, die sich ihrer Sache nicht mehr so sicher sind. Mit anderen Worten: Da, wo bisher scheinbar ewige Winterstarre war, wird neu über Religion nachgedacht. Und ausgerechnet in dieser Situation, wo das Eis schmilzt, da machen diese „neuen Atheisten" um Dawkins herum Front. Und zwar mit den allerschlichtesten Argumenten. Ich meine, das sind Naturwissenschaftler, Evolutionsforscher, Biologen usw. Die haben Lehrstühle – sogar in Oxford. Also in sehr respektablen Umfeldern. Was geht da vor?

wb: Was ihnen im Grunde genommen fehlt, ist ein kritisches wissenschaftstheoretisches Bewusstsein. Sie wissen nicht, wie weit ihre Methoden tragen. Und sie wenden auf den Gegenstand der Forschung unpassende Methoden an. Dawkins mag ein großartiger Naturwissenschaftler sein. Das kann ich nicht beurteilen. Aber: Er kann mit naturwissenschaftlichen Methoden nicht an geisteswissenschaftliche Probleme herangehen. Das ist genauso verfehlt, wie wenn ich etwa die kristalline Struktur eines Minerals mit Methoden der Literaturkritik erforschen wollte. Das geht nicht. Die Methode muss dem Gegenstand der Forschung angemessen sein.

il: Man kann mit literaturwissenschaftlichen Methoden keine physikalischen Prozesse beschreiben. Dennoch gibt es es denkende Menschen, die annehmen, mit naturwissenschaftlichen Erkenntnissen und mit naturwissenschaftlichen Methoden Christentum und Religion in Frage stellen zu können.

wb: Das eben ist ein Irrtum. Man darf nicht vergessen, dass Intelligenz mit einer gewissen partiellen Verblendung, mit einem blinden Fleck im Erkenntnisvermögen durchaus verbunden sein kann. Übrigens hat schon Thomas von Aquin um die Bedeutung des erkennenden Subjekts für die Erkenntnis der außersubjektiven Wirklichkeit gewusst: „Quidquid recipitur ad modum recipientis recipitur" – Was auch immer aufgenommen wird, wird nach der Art des Aufnehmenden wahrgenommen. Das heißt, dass im Erkennenden selbst Hindernisse für die Erkenntnis bestehen können: Es kommt darauf an, welche „Brille" einer aufsetzt!

Diese Einsicht ist besonders dann von Bedeutung, wenn der Mensch sich selbst betrachtet.

Wenn er dabei die materialistische Brille aufsetzt, wird er sehen, aus welchen organischen und anorganischen Stoffen er besteht und welchen materiellen Wert er darstellt. Dass er mit Bewusstsein und Freiheit begabt ist, kommt ihm dabei freilich nicht in den Blick. Erst recht nicht, dass er nach jüdisch-christlicher Überzeugung Ebenbild seines Schöpfers ist. Daraus ergibt sich dann auch der Widerspruch zu den Vertretern einer atheistischen Aufklärung. Auch sie verkünden Freiheit, Gleichheit und Brüderlichkeit – aber als Errungenschaften des Menschen, der Gesellschaft, als Inhalt des berühmten rousseauschen Contrat social!

DER MENSCH IST FREI, WEIL GOTT FREI IST

il: Wenn eine Gesellschaft beschließt, der Mensch sei frei geboren – das ist zwar eine gute Sache, dagegen habe ich nichts einzuwenden, aber dieselbe Gesellschaft könnte schon morgen etwas anderes beschließen.

wb: Nein, nein, sie kann überhaupt nichts beschließen! Sie kann nur erkennen, dass der Mensch frei ist, und hat dies anzuerkennen. Basta!

il: „Der Mensch ist frei geboren, und überall liegt er in Ketten." Dieser Satz von Jean-Jacques Rousseau, in seinem berühmten Buch „Vom Gesellschaftsvertrag" und dort in Buch 1, Kapitel 1, ist zumindest im übertragenen Sinne von der Französischen Revolution beschlossen worden. Die Menschheit in Gestalt des französischen Volkes gibt sich selbst eine Ordnung: Wir sagen, mit Rousseau, der Mensch ist frei geboren und sprengt seine Ketten.

wb: Na ja, wenn man glaubte, so etwas beschließen zu können, hat man sein Konto ganz erheblich überzogen.

il: Wieso?

wb: Weil der Mensch sich nicht selber erschaffen hat. Und sich deshalb auch nicht selber als frei erklären kann. Der Mensch ist frei kraft seines Geschaffenseins. Kraft der Tatsache, dass er Ebenbild Gottes ist. Vertrag hin, Vertrag her. Es kann also bei solch einem Gesellschaftskonzept, denn einen Vertrag im eigentlichen Sinne des Wortes hat es ja nie gegeben, lediglich darum gehen, dass eine schöpfungsmäßig gegebene Tatsache anerkannt wird!

il: Aha. So sehen Sie das also. Aber das ist doch ein ganz zentraler Punkt. Denn jetzt sind wir gewissermaßen beim Kern der Differenz zwischen Aufklärung und Kirche angekommen. Sie sagen hier in aller Schlichtheit, dass der „Gesellschaftsvertrag" des Jean-Jacques Rousseau, gedruckt im Jahre des Herrn 1762 – in dem die Frage beantwortet werden sollte, wie eine legitime politische Macht auszusehen hat, die demokratisch ist und in der alle Bürger gleich sind, und der von epochaler Bedeutung gewesen ist, weil er die Prinzipien der Aufklärung verteidigte und vermutlich die wichtigste Inspirationsquelle der Französischen Revolution von 1789 gewesen ist –, dass dieser berühmte Vertrag recht eigentlich überflüssig gewesen ist, weil Gott den Menschen von Anfang an frei geschaffen hat? Das wollen Sie sagen?

wb: In der Tat, das will ich sagen. Wir sind frei, weil Gott uns nach seinem Ebenbild geschaffen und die Freiheit geschenkt hat. Mehr Freiheit gibt es nicht. Das lässt sich nicht mehr überbieten. Das ist die wahre Magna Charta der Menschenrechte.

il: Die Französische Revolution ist für viele bekanntlich eine heilige Kuh. Auf diese Revolution ist die moderne Gesellschaft gegründet und auf ihren Geist beruft sie sich bis heute. Nachdem die

Oktoberrevolution in Misskredit geraten ist, haben sie nur noch diese eine Revolution, auf die sie sich berufen können. Zwar hat eigentlich schon die englische Revolution hundert Jahre zuvor den modernen Staat geschaffen. Aber dieses Datum ist so gut wie vergessen. Warum auch immer. Die Vorliebe für die Französische Revolution hat ihren Grund möglicherweise vor allem in ihrer Gottlosigkeit. Von den Jakobinern führt allerdings ein gerader Weg zu den Bolschewiki, und es war Martin Mosebach, der auch auf die Linie vom Jakobiner St.-Just zum Nationalsozialisten Heinrich Himmler hingewiesen hat. Ein Gedanke, der naturgemäß die deutschen Säkularen aufschäumen ließ.

wb: Es fragt sich nur, ob mit Recht. Mosebach hat den jakobinischen und den nationalsozialistischen Abgrund zusammengedacht. Man kann mit Recht fragen, ob das legitim ist. Man kann aber mit dem gleichen Recht auch fragen, ob die Jakobiner wirklich nur eine Perversion der Aufklärung sind oder Teil ihres Wesens.

il: Zu „Menschheitsbeschlüssen" sage ich nur so viel: Sogenannte Gesellschaftsverträge kann man aufkündigen. Am 20. Januar 1942 hat man dies in Deutschland getan und am Wannsee beschlossen, dass Juden eine minderwertige Rasse seien und ihr

Lebensraum zukünftig nicht mehr hier auf Erden, sondern irgendwo dort oben in den Lüften sei – denn dort liegt man nicht eng, wie es Paul Celan in seinem Gedicht „Todesfuge" unvergleichlich erfasst hat. Das zeigt: Man kann von heute auf morgen neu definieren, was ein Mensch ist. Da macht man eben einen neuen Gesellschaftsvertrag, und schon wird ein Holocaust daraus!

Können wir denn wissen, ob man nicht dereinst von aufgeklärt-atheistischer Seite verfügen wird, dass auch Christen minderwertig sind? Denn die sind beharrlich gläubig und angeblich verstockt und fortschrittsresistent, und irgendwann muss dann auch mal Schluss sein mit der Toleranz und so weiter! Dawkins hat in einem Interview gesagt, in 150 Jahren werde es gewiss keine Religion mehr geben. Soll das eine Drohung sein? Ist sein Buch „Der Gotteswahn" vielleicht nicht bloß ein Diskussionsbeitrag, sondern vielmehr eine Kampfschrift für eine religionsfreie Welt? Immerhin sagt er dort: Religionsunterricht ist Volksverdummung und fügt einem Kind größeren Schaden zu, als es ein sexueller Übergriff tut. Damit wären wir also perverse Verbrecher.

wb: Nun, das wäre nicht das erste Mal, dass dergleichen geschieht! Die Französische, die bolschewistische Revolution, Mao und Enver Hodscha –

um nur diese zu nennen, haben schon versucht, die Religion auszutilgen – und damit die Freiheit des Menschen!

WAS KNALLT DENN DA?

il: Ja, das ist wohl wahr. Aber es gibt ja noch mehr Argumente aus der Wundertüte der Aufklärung. Etwa dieses: Die Rede vom allmächtigen Schöpfer des Himmels und der Erde, wie es das Credo der Christen tut, ist primitiv und eine Zumutung für ein wissenschaftliches Weltbild. Unser Universum ist durch einen Urknall entstanden. Und wenn nicht durch einen Urknall, dann eben durch eine andere rein physikalisch erklärbare Ursache.

wb: Schön, der Urknall. Aber was ist das eigentlich? Ich meine, nicht mehr als eine Worthülse, eine ziemlich leere Worthülse sogar. Denn da ist zunächst nichts, und wenn nichts auf einmal knallt, dann knallt eben nichts. Und wenn nichts knallt, soll etwas entstehen? Und überhaupt, warum soll ein Nichts auf einmal knallen? Das ist wirklich zu hoch für mich. Und dann, Urknall einmal beiseite, kommen Sie mir mit einer „anderen physikalisch erklärbaren Ursache".

Physikalisch erklärbar, was heißt das nun wieder? Jedenfalls muss doch etwas gemeint sein, was mit den Methoden der Physik erfasst werden kann. Materie, Energie – sofern man beides unterscheiden will – ist Gegenstand der Physik. Aber die greift mit ihren Methoden doch erst dann, wenn es etwas zu greifen gibt. Woher soll aber das gekommen sein? Aus nichts? Und das ist per definitionem etwas, was es gar nicht gibt! Vor solcher Logik kann ich nur die Waffen strecken. Ihre Verfechter kommen mir vor wie Eier, die behaupten, es gebe keine Henne.

il: Ei und Henne. Ein gutes Stichwort. Lassen Sie mich eine kleine Geschichte erzählen. Ich habe mal im Berliner Museum für Naturkunde einige Tage lang für einen Dokumentarfilm gedreht. Am Ende meiner Dreharbeiten in dem weltweit bedeutenden Museum habe ich den mich begleitenden Wissenschaftler gefragt, ob man denn in diesem Hause immer noch an den guten alten Darwinismus glaube. Und da hat der mich völlig konsterniert angeguckt und ziemlich spitz geantwortet, dass jeder Ziegel des Hauses auf dem Darwinismus aufgebaut sei.

wb: Damit hat er wohl nicht so ganz Unrecht gehabt.

il: Warten Sie bitte ab. Ich habe ihm die alte Frage gestellt, was denn nun zuerst dagewesen sei, das Ei oder die Henne. Wie denn da der neueste Stand der Evolutionsforschung aussehe. Diese Frage hat ihn schier zur Verzweiflung getrieben, weil es darauf bis heute keine endgültige Antwort gibt. Selbstverständlich gibt es jede Menge Hypothesen. So zum Beispiel, dass es am Anfang eine Huhnvorgängerlebensform gegeben habe, die irgendwann durch Mutation angefangen hat, Eier zu legen. Ja, lachen Sie nicht, da dürfen nämlich nur die Hühner lachen. Das ist auch Evolutionsforschung. „Hühnervorgängerlebensform" und „irgendwann" und „durch Mutation". Das ist wissenschaftlich. Da hat man nicht zu lachen.

wb: Und wie ist Ihre Geschichte im Naturkundemuseum ausgegangen?

il: Am Ende hat mich der Wissenschaftler reichlich entnervt gefragt, wie denn ich mir des Rätsels Lösung dächte. Ich habe dann gesagt: Wissen Sie, für mich ist das ganz einfach. Gott hat einmal eine Henne und ein Ei genommen, beide auf den Tisch der Schöpfung gestellt und gesagt: So, ihr zwei Hübschen, in Zukunft gehört ihr zusammen. Macht was daraus, das mir und den Menschen ein Wohlgefallen ist!

wb: Und wie war die Reaktion?

il: Der Mann war sprachlos.

wb: Nun ja, da wäre ich auch sprachlos gewesen! Wollen wir jetzt wieder seriös weitermachen?

il: Wenn es denn der Wahrheitsfindung dient! Also zurück zum Urknall. Ich möchte an dieser Stelle darauf hinweisen, dass diese Hypothese keineswegs seit Menschengedenken existiert. Sie ist sogar reichlich frisch. Womit ich nichts über ihre Güte gesagt haben will. Nur so viel, dass es seit Urzeiten reichlich Modelle von Weltentstehung gegeben hat. Vor vielleicht vier, fünf Jahren haben sich dann an einem Wüstenort in den USA einige international hoch angesehene Astrophysiker zusammengesetzt und drei Tage lang darüber diskutiert, wie denn das Universum entstanden sein soll. Nur einer von denen war ein Urknallmann, die anderen haben ihm vehement widersprochen; sie hatten ganz andere Theorien.

Ich denke, man muss dem Publikum auch immer wieder sagen: Nur weil es jetzt in den Medien eine Art Konsens in Sachen Urknall gibt, ist der noch lange nicht unzweifelhaft bewiesen. Das ist eine Hypothese, noch lange nicht die Wahrheit. Doch man kann nur mit Rüdiger Safranski sagen, dass die Naturwissenschaftler, wenn sie an der Öffentlichkeitsrampe stehen, ihre wissenschaftlichen Thesen mit der ganzen Wucht von Glaubensüberzeugungen vortragen.

Widerspruch ist da nicht erwünscht – und schon gar nicht von geisteswissenschaftlicher Seite. Von theologischen Einwänden ganz zu schweigen. Kurzum: Der Urknall ist nicht bewiesen. Er ist eine Hypothese, mit der sich zur Zeit offenbar ganz gut wissenschaftlich arbeiten lässt. Und soviel ich weiß, hält sich in Sachen Urknall die katholische Kirche mit theologischen Stellungnahmen zurück. Man hat offenbar seit Galilei dazugelernt.

wb: Ja. Richtig. Die Kirche hält sich heraus. Sie kennt die Grenzen ihrer Zuständigkeit. Doch unabhängig davon: Die Szientisten befinden sich in erheblichen Erklärungsnöten, wenn sie mir ihre Grundannahme plausibel machen wollen, das Universum sei von selbst entstanden. In diesem Zusammenhang ist auch von Selbstorganisation der Materie die Rede. Aber wie soll eine nicht vorhandene Materie sich selbst organisieren können?

„Selbstorganisation der Materie aus dem Nichts": Das sind nur Worte. „Denn wo Begriffe fehlen, da stellt ein Wort zur rechten Zeit sich ein." Aber wenn es nun den Physikern der NASA in der

Tat gelungen ist und immer wieder gelingt, zu einem bestimmten Zeitpunkt, auf einem bestimmen Planquadrat der Mondoberfläche eine Raumfähre landen zu lassen, dann vermag doch sogar die Physik dahin zu kommen, dass sie fragt, wie denn das möglich sei. Wieso, ist da zu fragen, kommt es, dass der Schlüssel Vernunft, der Schlüssel Mathematik, so genau in das Schloss Universum passt, dass man damit den Weltraum erschließen und Weltraumfahrten unternehmen kann?

Schließlich sind die astrophysikalischen Gesetze nicht von der NASA erfunden, sondern von der Wissenschaft in einem immer noch andauernden Prozess vorgefunden und entdeckt worden. Woher kommen sie also? Warum gibt es sie überhaupt?

il: Das Faszinierende ist doch: Das Universum ist ganz offensichtlich kein Chaos. Aber nicht „die Natur", nicht „Miss Evolution", nicht irgendein „Prozess" und schon gar kein „anthropisches Prinzip" hat es so wunderbar eingerichtet, sondern der Schöpfergott hat seine Schöpfung nach Maß, Zahl und Gewicht geordnet. Eben das will die Genesis in ihren großartigen Bildern erzählen.

Der Ordnung halber gebe ich hier zu Protokoll: Ich bin kein Kreationist. Ich lege die Bibel nicht wörtlich aus und halte sie weder für ein Physiklehrbuch noch für ein Biologielexikon. Dennoch:

Die biblischen Bilder für die Weltschöpfung sind großartiger als alles, was uns die Szientisten anzubieten haben. Eine dieser szientistischen Ideen ist auch der Evolutionismus. So nennt man wohl die Ideologieform der Evolutionstheorie, mit der man den Uranfang nun einmal nicht erklären kann.

wb: In der Tat! Da wird man die Philosophie bemühen müssen! Ihr kann man wohl die Frage nicht verbieten, wie es denn möglich ist, dass ein Universum existiert, das mit mathematisch-physikalischen Methoden so exakt beschreibbar und nachvollziehbar ist, dass man Raumfahrt betreiben kann, dass man mit Hilfe der Astronomie die irdische Zeit berechnen oder auch auf den Weltmeeren zielsicher navigieren kann etc.

All das setzt doch voraus, dass das Universum nach eben den Gesetzen konstruiert ist und funktioniert, die die Menschheit nach – vielleicht Jahrmillionen – in den letzten drei bis vier Jahrtausenden zu entdecken begonnen hat. Kann man sich aber eine rationale Konstruktion ohne eine Ratio – eine Vernunft – vorstellen, dergemäß diese Konstruktion erfolgen konnte? Gibt es zu dieser Erklärung eine Alternative?

An der Erkenntnis, dass ein rational erfassbarer Makro- und Mikrokosmos nicht Ergebnis einer Kette von blinden Zufällen sein kann, sondern das Wirken einer rationalen Ursache voraussetzt, führt doch kein Weg vorbei – oder allenfalls ein Holzweg.

„Die Entstehung des Lebens auf der Erde mit dem Zufall erklären heißt, von der Explosion einer Druckerei das Zustandekommen eines Lexikons zu erwarten", so sagte einmal Edwin Conklin, ein amerikanischer Biologe. Damit aber wären wir nicht nur zu einem – recht verstandenen – Design, sondern auch zum Designer gelangt.

„DESIGNER GOTT"

il: Ich hatte gehofft, wir könnten auf den „Designer" und damit auf die Diskussion um „Intelligent Design" (ID) verzichten. Denn der Begriff taucht in den USA immer wieder auch im Umfeld von sogenannten Neokreationisten auf. Aber es muss wohl sein. Soweit mir bekannt ist, besagt Intelligent Design, dass sich bestimmte Merkmale des Universums und des Lebens am besten durch eine intelligente Ursache erklären lassen werden.

wb: Was ist falsch an einer „intelligenten Ursache"?

il: Im Prinzip gewiss nichts. Aber unglücklicherweise geriet die Diskussion über „Intelligent

Design" zuerst in den USA und dann auch in Deutschland sofort in ein politisches Fahrwasser, was eine leidenschaftslose Auseinandersetzung sehr erschwerte. Zumal sich sofort die ideologischen Fronten zwischen Evolutionismus und fundamentalistischem Kreationismus bildeten. Die Phalanx der evolutionistischen Naturwissenschaftler argumentierte, ein solcher Ansatz wie ID sei unwissenschaftlich, denn ID sei eine religiöse Aussage. In der Tat meine ich, sollte man den Begriff des ID am besten beiseitelassen. Und nun kommen Sie mir doch noch mit dieser amerikanischen Erfindung!

wb: Warum nicht? Wenn nämlich „Zufall" als Erklärung ausscheidet, dann wird man doch fragen müssen, woher dann Universum und Mensch kommen? Jedenfalls von einer Ursache, die größer ist als ihre Wirkung – ergo größer ist als Mensch und Kosmos! Dazu Jean Guitton, Philosoph und Mitglied der Académie Française: „Dieses Universum hat nicht das Merkmal des ‚Seins an sich'. Es setzt die Existenz eines Seins voraus, das sich von ihm unterscheidet, außerhalb seiner liegt. Wenn unsere Realität zeitig ist, dann ist die Ursache dieser Realität ultrazeitig und der Zeit transzendent." Eben das aber ist Gott. Oder wollen Sie das bestreiten?

il: Keineswegs.

wb: Nun also. Mit Evolution lässt sich sicherlich vieles erklären. Aber eben nicht der Uranfang. Zu glauben, dass ein nichtvorhandenes Wasserstoffmolekül unter dem Einfluss nicht vorhandener Umweltbedingungen sich über die Amöbe zu Bach und Einstein entwickelt, ist entschieden zu viel verlangt! Um einer solchen Vorstellung von Ursprung von Universum und Mensch zuzustimmen, bedürfte es eines Glaubens, der unendlich stärker wäre als jener, der Berge versetzt. Nebenbei: Evolution heißt doch wohl „Entwicklung". Da muss es doch erst etwas geben, das sich entwickeln kann! Und woher kommt das?

Kurzum, es ist weitaus stimmiger und logischer, an einen unendlichen Schöpfergeist zu glauben, durch dessen Denken und Wollen alles, was ist, hervorgebracht worden ist. Und nun sagen manche, das lasse sich nicht physikalisch beweisen. Recht so, lässt es sich auch nicht. Denn die Physik hat mangels Masse hier auch nichts zu sagen. Die Physik – und gerade ihre großen Vertreter wissen dies – ist dafür zuständig, das Vorgefundene zu erforschen. Sie erklärt, wie das Universum gebaut ist und funktioniert, nicht aber, warum und wodurch es entstanden ist. Hinter den Beginn der Existenz des Universums reicht keine Physik zurück. Es ist die Philosophie und dann die Theologie, die sich die Fragen nach dem Woher und Warum und Wozu der Welt zu stellen haben.

il: So klug war die Welt schon vor langer Zeit. Doch dann kam besonders im 19. Jahrhundert eine Spielform der Aufklärung ans Licht der Welt, die man leider die „Aufklärung mit der Dampfmaschine" nennen muss, so primitiv war sie – und mancherorts hat man sich heute davon immer noch nicht ganz lösen können. Nur, seit Einstein, und noch mehr mit der Quantenphysik, wurde ein völlig neues Kapitel gerade in den Naturwissenschaften aufgeschlagen. Es verblüfft mich deshalb schon sehr, um es einmal schonend zu sagen, wie weit dieser „neue Atheismus" ins 19. Jahrhundert zurückfällt und durch und durch materialistisch argumentiert. Mir fällt dazu ein Bonmot von Chesterton ein: „Es hängt nicht sonderlich viel davon ab, ob jemand eine pürierte Tomate oder eine frische Tomate isst; aber ob er eine frische Tomate mit püriertem Verstand ist, davon hängt schon eine ganze Menge ab."

wb: Jedenfalls wird der Materialismus von der Physik selbst ausgehebelt, wenn etwa N. Kuhn meint: „Die echte Formel für das Leben lautet daher: Materie plus Energie plus Information."

„Information" meint aber etwas ganz und gar Immaterielles, das ein Ding zu dem macht, was es ist. Nun, Verehrtester, da wären wir im Grunde genommen wieder bei Aristoteles angelangt, demzufolge das konkrete Ding aus Materie und Form besteht. Materie aber kann sich selbst keine Form geben! Beides muss zusammenkommen, damit „etwas" existieren kann. Wie kommt es aber dazu? Es ist doch geradezu spannend, wie die modernste Physik neue Zugänge zu antiken und mittelalterlichen philosophischen Einsichten öffnet.

il: Allerdings. Das ist eigentlich atemberaubend! Besonders bei den Kosmologen und Astrophysikern tut sich Großartiges.

wb: Lassen Sie mich aus den „Erinnerungen" des Kardinals Joseph Ratzinger, heute Papst Benedikt XVI., zitieren. Ratzinger schreibt dort, wie unmittelbar nach dem 2. Weltkrieg in seinem Priesterseminar die neuen Entwicklungen der Naturwissenschaften mit Interesse verfolgt wurden. Und jetzt wörtlich: „Man glaubte, sie seien mit dem Umbruch, den Planck, Heisenberg, Einstein gebracht hatten, wieder auf dem Weg zu Gott. Die antireligiöse Orientierung, die bei Haeckel ihren Höhepunkt erreicht hatte, war gebrochen, und das gab neuen Mut." Und er fügt hinzu, dass „man in der Physik eine Abkehr vom mechanistischen Weltbild und eine Wende zu neuer Offenheit für das Unbekannte und so auch für den bekannt Unbekannten, Gott, glaubte feststellen zu dürfen".

il: Seitdem sind mehr als 50 Jahre vergangen. Zeit genug, möchte man meinen, um wieder ins allgemeine Bewusstsein zu heben, dass es mehr Dinge zwischen Himmel und Erde gibt, als sich ein Szientist träumen lässt. Doch dem ist leider nicht so.

Es ist erstaunlich, aber wahr: Vielen Naturwissenschaftlern scheint unbekannt zu sein, was die Quantenphysik heute über den Makrokosmos weiß. Wie ein unbelehrbares Kind gerieren sie sich im öffentlichen Diskurs oft genug so, als hätte die Aufklärung die christliche Religion unwiderlegbar als primitives Hirngespinst entlarvt.

wb: Daran haben auch die jüngsten päpstlichen Worte über Vernunft und Glauben leider noch nichts geändert. Doch „an Gott zu glauben heißt, daß er nicht unsere Idee ist, sondern dass wir seine Idee sind", wie es Robert Spaemann formuliert hat.

wb: Seit die Forschung von einem „Urknall" ausgeht, hat das Universum wieder einen Anfang bekommen, und es ist nicht mehr unendlich. Deshalb ist es auch im naturwissenschaftlichen Sinn wieder möglich geworden, von Schöpfung zu sprechen. Keineswegs also muss die Erde zwangsläufig ein unwichtiges Staubkorn in einem Meer der Unendlichkeit sein. Keineswegs hat es als objektiv sicher zu gelten, dass Leben nicht mehr ist als das sinnlose Produkt eines unerklärlichen Zufalls.

il: Einstein erkannte schon 1905 die Äquivalenz von Masse und Energie, und es gibt heute Quantenphysiker, die halten Materie für eine Erscheinungsform des Geistes. Damit soll hier nicht gesagt werden, der göttliche Geist, also der Logos im christlichen Sinne, sei wissenschaftlich verifizierbar geworden. Von Naturwissenschaften beweisbar wird er nach unserer Auffassung nie sein.

wb: Aber „angesichts der überwältigenden Allgemeinheit und Dauer des Gerüchts von Gott und angesichts der Gotteserfahrung vieler Menschen trägt derjenige die Begründungspflicht, der dieses Gerücht als irreführend und die Erfahrung als Einbildung abtut", um hier noch einen zweiten Gedanken Spaemanns anzufügen.

IST DER MENSCH, WAS ER ISST?

il: Wir lesen seit Jahrzehnten schon, dass sich Menschenaffen vom Menschen genetisch nur zu etwa drei Prozent unterscheiden. Aber was soll das heißen? Entweder spielen die Gene keine so entscheidende Rolle – wofür es jetzt ja bereits neue Theorien gibt: Abermilliarden Bakterien am Menschen könnten für ihn wichtiger sein als die Gene – oder in den drei Prozent steckt die wesentliche Differenz.

Denn im Ernst glaubt kein Mensch, dass wir uns vom Affen nur unwesentlich unterscheiden. Das ist doch auch offensichtlicher Unfug. Nun schauen uns die Affen schon seit einigen hunderttausend Jahren beim Feuermachen zu und nicht mal das können uns diese Meister der Nachahmung nachmachen! Von allem anderen ganz zu schweigen.

Aber vielleicht sollten wir jetzt doch ein abschließendes klärendes katholisches Wort zum Kreationismus sagen.

wb: Beide, Fundamentalismus und Kreationismus, wie sie außerhalb des Katholizismus besonders in Amerika anzutreffen sind, haben mit dem katholischen Glauben „an den einen Gott, den allmächtigen Vater, der alles geschaffen hat,

Himmel und Erde, die sichtbare und die unsichtbare Welt", wenig gemein. Hier muss einmal ganz deutlich gesagt werden, dass Religion nicht gleich Religion, ja, dass selbst Christentum nicht gleich Christentum ist. Man darf alle diese Religionen und „Christentümer" nicht in einen Topf werfen und einfach von Religion oder Christentum sprechen. Da gibt es nicht nur Unterschiede, sondern auch Gegensätze. Man bittet also höflich, die Zielscheibe genau zu bezeichnen, ehe man schießt.

il: Ja, es gibt tatsächlich keinen katholischen Kreationismus. Das spielt sich ausschließlich im nichtkatholischen Milieu ab.

wb: Aber es ist offensichtlich: Gewissen Kreisen kann man das immer wieder sagen, doch man will einfach nicht hören. Sie erinnern sich wohl an Chestertons Father Brown, der einen Gangster, der sich als katholischer Priester ausgab, entlarvte, weil dieser eine vernunftfeindliche Position vertrat. Was ein katholischer Theologe nie getan hätte. Es war in der Tat immer ein Charakteristikum katholischen Denkens, der Vernunft gerade für die Gotteserkenntnis eine unersetzliche Rolle zuzuschreiben. Zu diesem Thema hat in der Auseinandersetzung mit den verschiedenen Ismen des 19. Jahrhunderts schon das 1. Vatikanische

Konzil von 1869/70 bleibend Gültiges gelehrt: Der Mensch kann mit dem natürlichen Licht der Vernunft mit Gewissheit Gott erkennen.

il: Wieso war das erst auf dem 1. Vaticanum ein Thema?

wb: Weil damals die Auseinandersetzung mit Materialismus und allen seinen ideologischen Spielarten stattfand.

il: An dieser Stelle möchte ich darauf hinweisen, dass es die katholische Kirche war, die bereits beim Erscheinen des Kommunistischen Manifestes den Kommunismus als eine menschenfeindliche Ideologie entlarvt und verurteilt hat.

wb: Das ist ungenau. Nicht erst das 1847 von Karl Marx und Friedrich Engels im Auftrag des Bundes der Kommunisten verfasste und 1848 in London veröffentlichte Manifest der Kommunistischen Partei wurde verurteilt, sondern schon zwei Jahre vorher die kommunistische Ideologie als solche. Das mag manche verblüffen. Aber es ist ganz einfach so. Denn das Manifest beginnt bekanntlich mit dem Satz: „Ein Gespenst geht um in Europa – das Gespenst des Kommunismus." Also schon vor dem Manifest gab es Kommunisten, und Marx und Engels wollten deren verschiedene Bünde und Gruppen ideologisch zusammenführen. Deshalb auch der Schlusssatz: „Proletarier aller Länder, vereinigt euch!" Papst Pius IX. hat die Gefahr, die davon ausgeht, schon 1846 erkannt – also gleich beim Aufkommen der kommunistischen Ideologie.

il: Was mich immer fasziniert hat, ist dieses sofortige Erkennen dieser Gefahr durch die Kirche. Vielleicht war es nicht so schwer, weil der Kommunismus von Anfang an atheistisch gewesen ist. Aber da ist wohl noch ein anderer Punkt, und das ist der Kollektivgedanke. Kommunismus ist gleich Kollektiv. Nicht der einzelne Mensch zählt dort, sondern die Masse. Aber die Masse gibt es eigentlich gar nicht. Es gibt nur viele einzelne Menschen. Es gibt nur jede Person für sich. Das Christentum zielt auf den einzelnen Menschen.

wb: Gott hat den Menschen nicht als Klon, sondern als einmalige, als unverwechselbare Person geschaffen und kennt ihn bei seinem Namen.

il: Das ist die christliche Position. Aber im Kommunismus zählt der Einzelne nicht. Denn der Einzelne ist im Klassenkampf schwach. Man braucht zum Sieg die große Menge. Auch wenn man gesiegt hat, braucht man den Einzelnen nicht. Denn im Kommunismus soll sich der Einzelne im Kollektiv gleichsam auflösen. Er soll ein neuer Mensch werden.

wb: Der neue Mensch: Da sieht man das christliche Vorbild, das die Kommunisten pervertiert haben. Durch die Taufe wird der Christ ein neuer Mensch. Der Kommunismus mit seiner Erlösungsideologie hat ja manche Anleihe beim Christentum genommen. Aber er ist in Wahrheit eine Perversionsform des Christentums.

il: Der neue kommunistische Mensch ist einer ohne eigenen Willen. Er ist ein Mensch ohne Seele. Er ist ein Kollektivwesen. Er ist ein Sklave der Partei. Genau das hat die katholische Kirche offenbar sofort erkannt.

wb: Ja, und nun werfen uns Atheisten vor, die Kirche verlange von ihren Gläubigen blinden Gehorsam. Das haben vielmehr die Kommunisten getan. Also jene, die den blinden Gehorsam bei Strafe gefordert haben: „Die Partei hat immer Recht!" Doch blinder Gehorsam, der kommt im katholischen Katechismus nicht vor. Und es wäre ja auch absurd, wenn dieser Gott, der den Menschen mit Verstand und freiem Willen geschaffen hat, von ihm verlangen würde, dass er ausgerechnet seine Vernunft und seine Freiheit zu Hause lasse, wenn es um Gotteserkenntnis bzw. Glauben geht. Glaube ohne Vernunft ist genauso vernunftwidrig wie Vernunft ohne Glauben, wie es auch ohne Freiheit keinen wirklichen Glauben geben kann.

il: In seiner inzwischen berühmt gewordenen Regensburger Rede von 2006 hat Papst Benedikt XVI. einer aufhorchenden Welt zugerufen: Das Christentum ist Synthese von Vernunft und Glauben. Denn die Vernunft wird ohne den Glauben nicht heil, und der Glaube wird ohne Vernunft nicht menschlich.

„Nicht vernunftgemäß handeln ist dem Wesen Gottes zuwider", sagte der Papst.

wb: Und er sagt auch: „In der westlichen Welt herrscht weithin die Meinung, allein die positivistische Vernunft und die ihr zugehörigen Formen der Philosophie seien universal. Aber von den tief religiösen Kulturen der Welt wird gerade dieser Ausschluss des Göttlichen aus der Universalität der Vernunft als Verstoß gegen ihre innersten Überzeugungen angesehen."

il: Wohin die Vernunft ohne Glauben geführt hat, das haben wir im 20. Jahrhundert bei den athe-

istischen Systemen Kommunismus und Nationalsozialismus leider nur allzu sehr erfahren und
erleiden müssen. Die Nachbarschaft zum atheistischen Kommunismus und Nationalsozialismus
ist den „neuen Atheisten" naturgemäß peinlich
und deshalb verleugnen sie diese Nachbarschaft.
Gleichwohl: Sie lassen die Christen nicht in Ruhe
und führen ausdrücklich einen Feldzug gegen den
christlichen Glauben.

BLINDER GLAUBE? NEIN DANKE!

wb: Jetzt, meine ich, sollten wir erst die Begriffe klären, ehe wir weiterreden. „Glaube" kann
zweierlei bedeuten. Einmal das, was geglaubt
wird – nämlich das, was Inhalt des Glaubensbekenntnisses ist. Dann aber heißt Glaube auch der
menschliche Akt des Glaubens, das Glauben im
Unterschied zu dem Geglaubten.

il: Sprechen wir hier vom zweiten Fall! Ich ver-
stehe nun wirklich nicht, dass man ständig einen
Gegensatz zwischen Glauben und Vernunft kons-
tatieren möchte.

wb: Das Glauben ist zunächst einmal ein ur-
menschlicher, alltäglicher Vollzug. Ohne zu glauben hätte man doch nicht einmal das Einmaleins

gelernt. Man musste glauben, was der Lehrer sagte. Und, wissen Sie, dass Ihre Frau Sie liebt? Nein. Sie müssen es ihr glauben, denn vom innersten Denken und Empfinden eines Menschen können Sie keine unmittelbare Kenntnis haben. Hier können Sie nur glauben. Aber auch dieser Glaube kommt nicht ohne Vernunft aus. Ein Beispiel: Sie sind zum ersten Mal in Paris. Sie steigen am Gare du Nord aus dem Zug, und nun? Wo geht's denn zum Louvre, wo zum Eiffelturm? Sie müssen fragen. Wen fragen Sie da? Einen amerikanischen Touristen? Oder doch lieber den Taxifahrer? Ohne ein begründetes Urteil über die Kompetenz bzw. Glaubwürdigkeit Ihres Gegenübers wird der Glaube zum gefährlichen Abenteuer.

il: Wollen Sie damit tatsächlich behaupten, dass Glauben eine Forderung der Vernunft ist, dass die Vernunft geradewegs zum Glauben führt? Das, meine ich, ist nun wirklich eine Provokation. Sie behaupten, dass jeder vernünftige Mensch glauben müsse. Und wenn er es dann nicht tut, sprechen Sie ihm die Vernunft ab! Ist das wirklich Ihre Meinung?

wb: Wenn von dem alltäglichen zwischenmenschlichen Glauben die Rede ist, meine ich das in der Tat. Reden wir hingegen vom Glauben an Gott, sieht die Sache anders aus! Der Glaube, wenn es sich um existentielle Dinge handelt, ist nämlich nicht nur eine Sache der Vernunft. Der Mensch ist mehr als Verstand, er hat ja auch einen Willen. Er hat, auch wenn manche das nicht akzeptieren wollen, sogar einen freien Willen. Das heißt in unserem Falle, dass die Vernunft mit ihren Überlegungen zwar bis an die Schwelle zum Glauben an Gott führen kann. Den Schritt hinüber muss der Mensch aber tun wollen. Schon Thomas von Aquin wusste: „Homo credere non potest nisi volens" – der Mensch kann nur glauben, wenn er es will.

il: Meint Thomas von Aquin mit „er" den Menschen oder Gott?

wb: Na, den Menschen natürlich.

il: Also kann der Mensch nur glauben, wenn der Mensch es will?

wb: Ja. „Homo credere non potest nisi volens."

il: Aber schon im Religionsunterricht lernt man doch, dass der Glaube immer ein Geschenk Gottes ist. Wie geht das zusammen?

wb: Glauben können – und nun spreche ich als Theologe – ist tatsächlich in letzter Instanz eine von Gott geschenkte Fähigkeit. Ob Gott sie schenken will oder nicht, liegt nicht in unserer Macht. Wenn er sie aber schenken will, und er will es, dann ist es dennoch immer der Mensch, der diese Gabe annimmt oder zurückweist. Bei der Entscheidung, ob er das eine oder das andere tut, spielen dann auch Realitäten wie Sünde und Gnade eine in ihrem Zusammenspiel kaum zu ergründende Rolle. Sie verbinden und durchdringen sich dabei mit der Freiheit des Menschen zu einem für uns nicht zu entwirrenden Geflecht, aus dem dann das Ja oder Nein zu Gott erwächst.

il: Was aber sagen Sie zu dem gar nicht so seltenen Phänomen, dass mancher eine eigentlich erkannte Wahrheit nicht wahrhaben will?

wb: Ja, dieses Phänomen gibt es in der Tat, und es hat ohne Frage ziemlich viel mit Tiefenpsychologie zu tun. Aber da kommt auch noch anderes ins Spiel. Mancher sagt: Ich möchte gerne glauben, aber ich kann es nicht. Eine solche Aussage ist unbedingt ernst zu nehmen, auch wenn und gerade weil dies nicht mehr viel mit Vernunftgründen zu tun hat. Wer weiß, welche inneren Konflikte, ja Verzweiflung und Angst, hierbei einfließen!

Glauben ist nämlich nicht nur ein intellektuelles, theoretisches Ja zu religiösen Wahrheiten. Es ist im gleichen Maße existentielle Hingabe an den Gott, an den, ja, dem man glaubt. Existentielle Entscheidungen werden nun einmal nicht nur mit dem Kopf getroffen, dabei spielt mehr mit – und in letzter Instanz Gott selbst.

il: Ich habe in den letzten Jahren immer wieder das Argument gehört, dieses „Glaubenkönnen nur, wenn Gott es gibt", sei eine subtile Ausrede der Kirche. Denn Gott müsste doch eigentlich wollen, dass alle Menschen an ihn glauben.

wb: Er will es ja auch. Aber was meinen Sie, wenn Sie von einer subtilen Ausrede der Kirche sprechen?

il: Er will es, sagen Sie. Nun klappt es aber offensichtlich mit dem Glauben nicht immer. Wir wissen von Menschen, die wollen von Herzen gern glauben. Die schauen in ein katholisches Gotteshaus hinein, und das nicht nur wegen der dortigen Kunstwerke. Die nehmen sogar an einer ganzen Reihe von heiligen Messen teil. Die gehen Ostern, die gehen Weihnachten, die gehen immer wieder zu Gottesdiensten. Die sprechen mit gläubigen Menschen und stellen Fragen zum Katechismus.

Es nützt aber alles nichts. Sie finden trotzdem nicht zu Gott und wenden sich deshalb von allem Kirchlichen wieder ab. Was ist denn das?

wb: Möglicherweise liegt das – unter anderem – daran, dass die von Ihnen beschriebenen Menschen einen irrigen Begriff von „glauben können" haben, dass sie mit „Glauben" irgendwelche Vorstellungen von erhebenden seelischen Erlebnissen oder Gefühlen verbinden. Das aber ist nicht so. Nicht jedem geht es wie dem 18-jährigen Paul Claudel, der, als man in Nôtre Dame bei der Weihnachtsvesper das Magnifikat sang, vom Bewusstsein der Wirklichkeit Gottes überwältigt wurde. Augustinus – der ja alle Höhen und Tiefen menschlicher Existenz erfahren hatte – lässt Gott einem, der klagt, er finde ihn trotz allem Suchen nicht, antworten: Du würdest mich nicht suchen, wenn du mich nicht längst gefunden hättest.

il: Ein schöner Satz vom hl. Augustinus. Aber ist das wirklich die Antwort auf meine Frage?

wb: Ich meine, hier sollten wir wieder einmal erst Begriffe klären! Was meint man denn eigentlich, wenn man sagt: ich glaube? Wie tut man das: glauben? Das muss erst klar sein, ehe wir weiterreden.

RATIONALITÄT DES GLAUBENS

il: Dann bitte ich um eine Definition.

wb: Gern. Glauben ist ein intellektuell verantworteter Akt des Willens! Viele verstehen darunter irgendein nebulöses Gefühl des Erhabenen, Heiligen, Göttlichen. So etwas mag sich dann und wann einstellen – glauben ist das nicht! Glauben geht anders.

il: Wollen Sie damit ernsthaft sagen, dass glauben also ein rationaler Vorgang ist?

wb: Das will ich in der Tat.

il: Wie begründen Sie das?

wb: Natürlich ist Glauben ein Akt des Vertrauens und des Willens. Ich muss aber vor meiner Vernunft rechtfertigen können, warum ich vertrauen, warum ich glauben will. Ergo: Ohne Vernunft kann man nicht glauben! Aufgabe der Vernunft ist es, die Glaubwürdigkeit dessen zu prüfen, dem ich glauben will. Erst wenn diese Glaubwürdigkeit feststeht, kann ich vernünftigerweise glauben. Ich glaube also nicht, weil ich z. B. es für vernünftig halte, dass Gott in drei Personen ein Einziger ist, sondern weil ich mich davon überzeugt habe, dass diese Aussage von Gott geoffenbart ist.

il: Das ist eine Antwort, die sicherlich manchen nachdenklich machen wird, und auch eine Antwort für jene, die Glauben für eine reine Gefühlssache halten. Oder, schlimmer noch, für etwas Absurdes, Reaktionäres, zu Überwindendes. Aber meinen Sie, dass mit dieser Klarstellung diejenigen zufrieden sein werden, die Gott gesucht, aber nicht in die katholische Kirche gefunden haben?

wb: Als Gläubiger denke ich da an einen Vers: „Wechselnde Pfade – Schatten und Licht –, alles ist Gnade! Fürchte dich nicht!" Wer sagt denn, dass aus der Gott-Suche in jedem Fall sofort eine Kircheneintrittserklärung werden muss! Und wer weiß, ob nicht zu einem bestimmten Zeitpunkt dann doch dieser Schritt erfolgt? Jeder Mensch hat seine ganz individuelle Glaubens- und Heilsgeschichte, die mit Respekt zu akzeptieren ist!

il: Wenn Sie das jetzt so sagen, heißt das: Glauben muss mit einem Eingefügtsein in die katholische Kirche zunächst einmal gar nichts zu tun haben?

wb: Naturgemäß steht das Ziel am Ende, nicht am Beginn des Weges! Und wie gesagt, der Heilsweg eines jeden Menschen ist in gewissem Sinne Maßarbeit der göttlichen Vorsehung. Dass die Zugehörigkeit zur katholischen Kirche in diesem Zusammenhang der Normalfall ist, ist selbstverständlich. Aber wie zahlreiche Lebensläufe zeigen, sind es oft verschlungene Pfade, auf denen Gott einen Menschen auf seine je eigene Weise zum Heil führt und dabei auch „auf krummen Zeilen gerade schreibt"!

il: Ist dies ein Kapitel von menschlicher und göttlicher Freiheit?

wb: Kein Zweifel! Und eben dieses ist ein ungemein dramatisches Kapitel. Da geht es um Freiheit – auch wenn dies für Materialisten und Deterministen ein anstößiger Begriff ist!

il: Und was ist mit dem alten katholischen Lehrsatz: Außerhalb der Kirche kein Heil?

wb: Natürlich, der Einwand musste kommen! Mit diesem Zitat kann man doch trefflich den Vorwurf der Arroganz und Intoleranz gegen die katholische Kirche erheben. Aber weder der Märtyrer-Bischof Cyprian von Karthago, auf den dieser Satz zurückgeht, noch die verbindliche Lehre der Kirche haben je behauptet, dass ein Mensch, der nicht zur katholischen Kirche gehört, deswegen das ewige Heil nicht erlangen könne.

Cyprian meint, dass die Heilsgüter – die rechtmäßigen Sakramente und die rechte Glaubenslehre – nur in der katholischen Kirche zu finden sind. Das bedeutet, dass der Einzelne innerhalb der Kirche ebenso verloren gehen wie einer außerhalb der Kirche gerettet werden kann. Da hat nun Goethe einmal Recht, wenn er im Faust seinen Engel sagen lässt: „Wer immer strebend sich bemüht, den können wir erlösen!" Man muss die objektive Heilsordnung vom subjektiven Heilsweg unterscheiden. Genügt Ihnen diese Antwort?

WUNDER

il: Mir genügt es, und ich hoffe, unseren Lesern auch. Ich denke, das ist der richtige Augenblick, um zu einem neuen Thema zu kommen, nämlich die Wundergläubigkeit der katholischen Kirche. Wunder sind für den Aufgeklärten, ob Naturwissenschaftler oder nicht, ein immerwährender Stein des Anstoßes. Aber auch mancher Christ schaut voller Unverständnis auf die sogenannte katholische Wundergläubigkeit. Im Prinzip läuft die Kritik beider Seiten auf den Vorwurf der Volksverdummung hinaus.

wb: „Das Wunder ist des Glaubens liebstes Kind." So belehrt uns der Doktor Faust! Der Glaube produziert Wunder, sagt man. Er erträume und erfinde sie. Das Gegenteil ist der Fall. Aus dem Staunen über das Unvorstellbare erwächst der Glaube. Wunder sind Tatsachen. Wenn es aber um Tatsachen geht, dann ist nicht der aufgeklärte Philosoph am Zuge, sondern der kritische Historiker. Der fragt nämlich nicht, ist das möglich, sondern ganz einfach: Ist das passiert oder nicht? Und was ist da, unter welchen Umständen etc. passiert? Das ist doch die allererste Frage. Natürlich Wunder.

Auch wenn man über Wunder redet, tut man gut daran zu unterscheiden. Zweifellos kennen wir Fälle, wo wir nicht von Wunder, sondern von Schwindel reden müssen. Aber es gibt auch Vorkommnisse, die mit den Mitteln noch so fortgeschrittener Wissenschaft nicht erklärbar und doch historisch zweifelsfrei als Tatsachen erwiesen sind.

Zwei Beispiele nur: Das erste ist das Wunder von Calanda. Calanda, ein Städtchen unweit von Saragossa. Dort lebte ein junger Mann namens Miguel Pellicer (*25.3.1617), dem am 30./31. Oktober 1637 ein Unterschenkel amputiert wurde. Mit seiner Prothese humpelte er mehr als 2 Jahre immer wieder mit seinen Schmerzen zu dem Marienheiligtum Santa Maria del Pilar zu Saragossa und bat Maria um ihre Hilfe. In der Nacht vom 29. auf den 30. März 1640 schläft Miguel, und als er am Morgen erwacht, hat er wieder ein gesundes Bein und weiß vor Erschrecken und Freude nicht, was er sagen soll. Der Vorgang war so unerhört, dass sofort eine medizinische, juristische und theologische Untersuchung erfolgte, deren Dokumentation lückenlos vorhanden ist und jeder historisch-kritischen Prüfung standhält. Die Zahl und Kompetenz der befragten Zeugen gestatten keinen vernünftigen Zweifel an dem Ereignis. Eine kritische Edition der Akten ist im Jahr 2006 erschienen.

Lassen Sie mich aber auch ein Beispiel aus der allerjüngsten Zeit hinzufügen, das mir ein bekannter Philosoph von internationalem Ruf berichtet hat. Seine sterbenskranke Frau verlangt nach einem befreundeten Priester, um von ihm die Sterbesakramente zu empfangen. Da der Tod unmittelbar zu drohen scheint, versucht ihr Mann, diesen Priester zu erreichen, dessen Telefonnummer ist ihm aber entfallen. Er ruft deshalb die Auskunft an und – es antwortet der Gesuchte. Wissenschaftlich unerklärbar, dennoch Tatsache.

il: Interessant finde ich jetzt, was Sie da eben an den Anfang gestellt haben; nämlich nicht die Frage: Ist es möglich? – sondern: Ist es passiert? Das ist offenbar der entscheidende Unterschied. Denn es ist die unvoreingenommene Fragestellung des Historikers. Und wie verifiziert der Historiker?

il: Anhand seiner Quellen, die er dann im Hinblick auf ihre Glaubwürdigkeit und ihre Aussagekraft nach den Regeln der historischen Kritik zu untersuchen hat.

il: Und was tut im Unterschied dazu die Aufklärungsfraktion?

wb: Man geht mit einem vorgefassten Konzept an die Sache heran. Man weiß schon vor jeder Untersuchung genau, was möglich und was unmöglich ist.

il: Im Grunde genommen haftet der atheistischen Aufklärung etwas Bemitleidenswertes an. Letztendlich wird da doch immer wieder versucht, die Welt auf das zu reduzieren, was man sehen, messen und wiegen kann. Obwohl man nach außen so tut als ob: Man will nicht hinter den Vorhang schauen.

wb: Ihnen sagt Shakespeare: „Es gibt mehr Dinge zwischen Himmel und Erde, als eure Schulweisheit sich träumen lässt."

il: Mit den Wundern tun sich aber nicht nur Atheisten schwer. Ihnen vorausgegangen ist eine wunderskeptische historisch-kritische Theologie. Manchen Vertreter dieser Zunft, die sich liberal nennen, würde ich sogar einen atheistischen Theologen nennen. Damit sind die gemeint, die nicht an die Auferstehung Jesu am dritten Tag glauben. Atheistische Theologen glauben auch an einiges nicht, was im Glaubensbekenntnis der katholischen Kirche steht. Auch für sie scheint Jesus ein Stein des Anstoßes, den manche wegrollen, andere am liebsten sprengen möchten. Gleichwohl legen gerade solche Theologen Wert darauf, an einer katholischen Fakultät zu bleiben – offiziell jedenfalls.

wb: Da stellt sich allerdings die Frage nach ihrer intellektuellen Redlichkeit!

il: Wie aber kann es dazu kommen?

wb: Wenn Theologen einer bestimmen, nämlich der sogenannten liberalen Richtung Jesus nicht als wesensgleichen Sohn Gottes anerkennen wollen und darum weder seine Geburt aus der Jungfrau Maria noch seine leibliche Auferstehung noch Wunder überhaupt als Tatsachen zu akzeptieren bereit sind, dann kommt es zu einer solchen Doppelbödigkeit.

il: Das ist aber doch, als würde ein Mathematiker plötzlich nicht mehr bereit sein, bestimmte grundlegende mathematische Lehrsätze zu akzeptieren.

Diese liberale Theologie ist selbstredend an der Priesterschaft nicht spurlos vorübergegangen. So gibt es auch für manchen Prediger keine Wunder mehr: Jesus wandelt auf dem See, der reiche Fischfang, die Stillung des Seesturms usw. – all das wird in ihren Predigten schamvoll übergangen oder wegrationalisiert.

Und sogar die Brotvermehrung – wo bekanntlich fünftausend Menschen von fünf Broten und zwei Fischen satt geworden sind und am Ende immer noch zwölf Körbe voller Brot vorhanden waren – wird, wie ich es selbst gehört habe, etwa so weginterpretiert: Viele der Fünftausend hatten Essen mitgebracht und es schlicht und ergreifend miteinander geteilt, sodass am Ende auch die etwas hatten, die fahrlässigerweise ohne Brotzeit zu Jesus aufgebrochen sind.

wb: Ein solches Weginterpretieren ist banal! Eine solche Predigt wirbt dann möglicherweise effektvoll für „Brot für die Welt"! Aber: Welchen Sinn sollte es haben, in einem Evangelium über eine pure Selbstverständlichkeit zu berichten? Doch auch das ist nichts Neues! Lesen Sie Predigten aus der Zeit um 1800! Da sprach man an Weihnachten von Geburtshilfe und Säuglingspflege, am Karfreitag über Geduld im Leiden, an Ostern rühmten Prediger den Nutzen des Frühaufstehens und an Pfingsten versuchte mancher, die Hörer von der Notwendigkeit des Blitzableiters zu überzeugen.

FRUSTRIERTE JÜNGER

il: Doch nun zurück zum Thema Wunder – deren größtes die Auferstehung ist. Die liberale Theologie behauptet, dass die Apostel, um über das Scheitern ihrer Bewegung am Karfreitag hinwegzukommen, Auferstehung und Himmelfahrt erfunden hätten.

wb: Nun ja, ein Versuch, die Apostel auf das berühmte Sofa von Sigmund Freud zu legen. Die Apostel hätten also den Karfreitagsfrust überkompensiert und ihren Jesus zum Gott gemacht. Die Apostel hätten somit die Chuzpe gehabt, sich wie einst Münchhausen am eigenen Zopf aus dem Sumpf ihres Desasters zu ziehen. Und die Zeitgenossen hätten ihnen diesen Schwindel abgenommen. Das ist doch abenteuerlich!

il: Sehen wir es doch einmal so: Die Apostel haben den Karfreitag erlebt, sie sind deswegen in ihrem Innersten erschüttert. Da bricht eine ganze Welt zusammen. So haben sie sich das alles nicht vorgestellt. Aus einer so tiefen Trauer heraus hat doch niemand die Kraft, viele tausend Menschen von einem frei erfundenen Ostereignis zu überzeugen. Ohne Ostern wären die Apostel doch wieder endgültig zu ihren alten Berufen zurückgekehrt. Aus. Vorbei. Ein zerplatzter schöner Traum, mehr nicht. Allein das Osterereignis, die Auferstehung von den Toten, also etwas ganz und gar Einzigartiges, konnte ihnen überhaupt die Kraft geben, aus der tiefsten Nacht herauszufinden. Alles andere ist doch völlig abwegig und nicht nachvollziehbar!

wb: Man kommt nun einmal nicht darum herum, dass die Evangelien, gestützt durch die anderen Schriften des Neuen Testaments, nicht Geschichten erzählen, sondern Geschichte berichten.

il: Für die atheistische Aufklärung sind „liberale Theologen" selbstredend ein gefundenes Fressen. Denn die Atheisten sagen nun zu Recht, wenn nicht einmal offizielle Theologen an den Katechismus ihrer Kirche glauben, was soll das Ganze dann noch? Nur noch die katholische Hierarchie hält die Stellung, und das tut sie in atheistischer

Sicht nur zum Zweck des Machterhalts. Denn historisch sichere Quellen gebe es für die Auferstehung keine! Im Gegenteil: Die Quellenlage sei mehr als dubios.

wb: Da landen die sogenannten Aufklärer einen veritablen Rundumschlag, nach dem vom Christentum nichts mehr übrig bliebe – wenn Sie es sich damit nicht zu leicht machen würden. Man meint also wirklich, die Quellenlage für unsere Kenntnis der Person und der Geschichte Jesu von Nazareth sei ziemlich dubios? Ich gestehe den „Aufklärern" gerne zu, dass sie sich damit in recht prominenter Gesellschaft befinden, und zwar in der jener eben apostrophierten Theologen, die man „liberal" zu nennen pflegt.

Auf die eigentlichen Historiker, die die Bibeltexte nicht nur literarkritisch und philologisch betrachten, sondern das ganze historische Umfeld Jesu von Nazaret in den Blick nehmen, können sie sich allerdings mitnichten berufen. Diese nämlich beurteilen den historischen Quellenwert der Evangelien entschieden positiv.

il: Fegen Sie damit nicht die Bibelkritik insgesamt mit einem Schlag vom Tisch?

wb: Das tue ich keineswegs! Gegen eine von ideologischen Voraussetzungen freie Bibelkritik, die
sich den probaten historisch-philologischen Methoden verpflichtet weiß, habe ich als Historiker
natürlich nichts einzuwenden.

MYTHOS UND GESCHICHTE

il: Es scheint aber tatsächlich so zu sein, als bringe
kaum je ein Mensch die Leute so sehr in Verlegenheit wie dieser Jesus von Nazaret. Ein russischer
Historiker hat sogar noch kurz vor der Wende von
1989 behauptet, dieser Jesus habe überhaupt niemals existiert.

wb: Damit macht man natürlich klar Schiff und er-
spart sich alles Weitere. Ähnliches hat einer kürz-
lich mit Karl dem Großen versucht und behauptet,
dieses ganze karolingische Jahrhundert sei in die
Geschichte hineingefälscht worden. Na ja. Tatsächlich aber gibt es keinen Menschen der Antike, über
den wir mehr Gesichertes wüssten als Jesus. Es ist
doch eine Ironie der Geschichte, dass in unserer
wissenschaftsgläubigen Zeit gerade die historisch-
kritischen Wissenschaften ein Element nach dem
anderen zu Tage fördern, das die Person des Na-
zareners immer mehr ins Licht stellt. Das betrifft
zunächst jene Schriften, die wir unter dem Namen

Neues Testament kennen. Dessen Kern bilden, wie Sie wissen, die vier Evangelien, deren Verfasser Matthäus, Markus, Lukas und Johannes heißen.

il: Atheisten fragen nun oft, was die Evangelien denn mit Geschichte zu tun hätten?

wb: Ich wollte nur, diese Frage würde ernstlich gestellt und nicht von vornherein negativ beantwortet! Man kann gar nicht laut genug fordern, dass die neutestamentlichen Schriften – um die geht es im Wesentlichen – mit all dem Instrumentar der historischen Methodik erforscht werden, und zwar ohne ideologische Scheuklappen aufzusetzen! Tut man hingegen dies, dann hat man die Grenzlinie zwischen Wissenschaft und Ideologie überschritten.

il: Sie sagen: Die Grenzlinie zwischen Wissenschaft und Ideologie ist überschritten. Was sind für Sie die rechtmäßigen Methoden der Bibelkritik? Ist das eine Frage der Quellen?

wb: Nein. Das ist eine Frage der Methode. Man muss einfach die Evangelientexte zunächst bis zum Beweis des Gegenteils historisch ernst nehmen. In einem zweiten Schritt kommt es dann darauf an, ob ich das Neue Testament lediglich als Dokument vorderorientalischer Literatur betrachte, oder als Ausdruck göttlicher Offenbarung im Gewand orientalischer Literatur.

il: Mit anderen Worten: Gott offenbart sich in Raum und Zeit, also in der Geschichte, und zwar so, dass die Menschen ihn verstehen können. Sie haben vorhin einmal gesagt: Wir wissen über die Person Jesu von Nazaret mehr als über viele andere Personen der Antike. Das wird viele erstaunen. Wissen wir denn über Sokrates weniger als über Jesus?

wb: Ja, entschieden weniger.

il: Aber an der Existenz von Sokrates zweifelt, soviel ich weiß, niemand.

wb: Gleichwohl: Zu Sokrates gibt es eigentlich nur die Schriften von Platon und Xenophon als Quelle.

il: Und beiden glaubt man, dass es einen Philosophen mit dem Namen Sokrates gegeben hat, der 469 v. Chr. geboren wurde, der 399 v. Chr. durch Gift hingerichtet worden ist; nämlich durch den seitdem so berühmt-berüchtigten Schierlingsbecher. Keiner zweifelt, dass Sokrates ein für das abendländische Denken grundlegender griechischer Philosoph war, der in Athen lebte und wirkte und dessen Philosophieren sich in der Form des mündlichen Dialogs äußerte, den er zu einer auf Erkenntnis angelegten sogenannten Hebammenkunst entwickelte.

Es gibt also einen weltberühmten Philosophen, der im Wesentlichen nur über die Quelle Platon und Xenophon verifizierbar ist, bei dem jedoch niemand auf den Gedanken kommt, seine Existenz anzuzweifeln. Bei Jesus von Nazaret, wo die Quellenlage offenbar eine viel solidere ist, können wir uns vor Zweiflern nicht retten. Das finde ich bizarr. Offenbar stört Jesus, aber Sokrates stört nicht. Aber wie ist denn nun die Quellenlage bezüglich der Evangelien? Was haben die Evangelien mit Geschichte zu tun?

wb: Sie sind Geschichte! Natürlich haben seit der Aufklärung viele Gelehrte verkündet, es handle sich bei diesen Schriften um erbauliche, fromme, tiefsinnige Geschichten, aber, Gott bewahre, keinesfalls um Geschichte. Aber das war, und ist noch immer, bloß ein gelehrt aufgeputzter Versuch, sich aus der Umklammerung durch dieses Phänomen Jesus zu befreien.

Wenn nämlich, wie es in diesen „Geschichten" heißt, dieser Jesus hingerichtet wurde und dann drei Tage danach tatsächlich seinen Anhängern in einer übermenschlichen Lebendigkeit begegnet ist, dann hätte das unabweisbare und unabsehbare Konsequenzen, existentielle Konsequenzen, für jeden. Wenn es aber um die persönliche Lebensführung geht, versucht mancher, solchen Konsequenzen – d. h. einer Bekehrung – auszuweichen.

Also, weil nicht sein kann, was nicht sein darf – wir lassen unsere Kreise nicht durch einen auferstandenen Gekreuzigten stören –, geht es hier angeblich bloß um Literatur! Zugegebenermaßen durchaus beachtliche antike Literatur des Nahen Ostens. Dies vorausgesetzt, kann man allerdings mit allem Instrumentarium der Literarkritik, und zwar ganz entspannt, an diese Texte herangehen, wie man das eben so macht, wenn nach Motiven, Vorlagen, literarischen Abhängigkeiten, redaktionellen Phasen etc. geforscht wird, von der Philologie im engeren Sinn einmal abgesehen.

Man kann in der Tat die Evangelien mit denselben Methoden interpretieren, wie man dies etwa mit dem Gastmahl des Trimalchio des Petronius und anderen Werken der klassischen Literatur zu tun pflegt. So glaubt man, sich diesen Jesus vom Halse zu halten, und zwar mit dem besten wissenschaftlichen Gewissen. Aber ist es das wirklich, ein bestes wissenschaftliches Gewissen?

ZAUBERWORT QUMRAN

il: Aber beweisen nicht die Funde von Qumran, dass die Geschichte des Christentums völlig neu geschrieben werden muss? So zumindest argumentieren Autoren wie Baigent und Leigh oder Eisenman. Was setzen Sie dagegen?

wb: Die einfache Tatsache, dass alle die Texte, auf die man sich hier beruft, aus der Zeit vor Jesus Christus stammen.

il: In Qumran gibt es also Texte aus der Zeit vor Christus?

wb: Das allermeiste stammt aus der Zeit vor Christus!

il: Und wer hat die verfasst?

wb: Wenn man das wüsste, wäre man glücklich. Doch Faktum ist: Die wahre Bedeutung der Qumran-Texte besteht darin, dass durch sie auf die religionsgeschichtliche Situation der Zeit vor Jesus Christus erhebliches Licht geworfen wird. Gleich wie man die einzelnen Fragen, die sie aufwerfen, beantworten mag.

il: Also man erfährt über die Qumran-Texte etwas über die religiöse Welt, in die Jesus von Nazaret hineingeboren wurde?

wb: Ja. Diese Welt, in der auch die Essener von Qumran zu Hause waren, war Jesus mit Sicherheit bekannt.

il: Die Essener gab es also schon vor Jesus?

wb: Aber natürlich. Ihre Anfänge dürften bis in die Makkabäerzeit (seit ca. 165 vor Christus) zurückgehen.

il: War Jesus denn nun ein Essener? Darüber wird ja gerne und viel spekuliert.

wb: Dass Jesus, und vor allem Johannes der Täufer, Kontakte mit essenischen Kreisen hatte, ist hochwahrscheinlich, wenn nicht sicher.

il: Was heißt Kontakt? War Jesus vor seinem öffentlichen Auftreten ein Essener?

wb: Nein, auf gar keinen Fall. Es gibt gewisse Berührungspunkte, aber ebenso viele wesentliche Unterschiede zwischen der Jesusverkündigung und Jesusbewegung und den Essenern.

il: Für Dan Brown mit seinem „Sakrileg" und all die anderen „Enthüller" von Vatikangeheimnissen sind die Essener bekanntlich ungemein wichtig. Bei den Tempelrittern ist das ähnlich. Gewisse Romane leben davon. Was mich nicht stören würde, wenn es nicht zu viele Menschen gäbe, die „Sakrileg" für bare Münze nehmen und damit nach Rom fahren, als sei Dan Brown ein veritabler Reiseführer. Kurzum: Ich glaube, das ist schon kein unwichtiger Punkt. Und ich muss Ihnen ehrlich sagen, es ist mir völlig neu, dass Qumran mehr aussagt über die Zeit vor Christus als über die danach. Was sagt denn Qumran über Christus aus?

wb: Nichts!

il: Jetzt bin ich wirklich sprachlos.

wb: Wirklich? Ich hoffe nicht allzu lange. Doch im Ernst: Die Antwort ist in der Tat: Nichts. Das Einzige, was in Frage kommt, sind drei oder vier Schnipselchen, von denen durchaus ernst zu nehmende Forscher feststellten, dass sie neutestamentliche Texte enthalten, aber auch das wird bestritten.

il: Drei oder vier Schnipsel sind eine sehr dünne Quellengrundlage. Gleichwohl wird immer wieder argumentiert, mit dem Fund von Qumran müssten wesentliche Teile des Neuen Testaments und der ganzen Bibelgeschichte neu geschrieben werden. Das Gegenteil scheint richtig zu sein.

wb: Der Streit dreht sich um Fragmente aus der Höhle 7 von Qumran. Die verschiedenen Fundorte sind numeriert und in dieser Höhle 7, so sagte der spanische Papyrologe O'Callaghan schon in den 70er Jahren, handle es sich um ein Fragment aus dem Markusevangelium. Und ein anderes wird von anderen Forschern mit einem Text aus dem 1. Timotheusbrief in Verbindung gebracht. Es scheint indes, dass die neueste Forschung diese Identifikation ablehnt.

il: Wie ernst nehmen Sie die Papyrologen?

wb: Die Papyrologen haben erprobte zuverlässige Methoden. Sie haben ja sehr häufig mit Fragmenten zu tun, wobei es darum geht, die Fragmente zu identifizieren und eventuell den Text zu rekonstruieren. Dazu haben sie ganz spezielle Methoden, Stichometrie etc. Sie können z. B. genau feststellen, wie das mit den Wortabständen etc. gehandhabt wurde, und auf Grund all dieser Kriterien kommen sie dann zur Rekonstruktion selbst von Texten, die nur fragmentarisch überliefert sind, und können dann anhand der bekannten Texte der Antike die Zuordnung vornehmen. Aber das scheint in unserem Fall nicht gelungen zu sein, und infolgedessen wird man gut daran tun, diese Qumran-Fragmente etwa für die Datierung des Neuen Testaments nicht heranzuziehen.

Es steht fest, dass diese Texte in Qumran – auf Kupfer, Leder oder Papyrus geschrieben – offenbar vor den anrückenden römischen Truppen von ihren Besitzern ca. 67 n. Christus in Felsenhöhlen um Qumran in Sicherheit gebracht und erst seit 1946/47 durch Zufall wiederentdeckt wurden.

Heute ist all dieses Material seit Jahren im Rockefeller Museum in Jerusalem zugänglich und bereits veröffentlicht. Es hat sich übrigens nie in vatikanischem Besitz befunden, wie eine gewisse Skandalliteratur behauptet, um den Verdacht zu untermauern, der Vatikan hätte versucht, diese angeblich für das Christentum peinlichen Texte der Öffentlichkeit vorzuenthalten. Das ist blühender Unsinn. Das meiste dieser Texte betrifft die Zeit vor der großen Wende, also vor Christus. Zu Jesus vermögen die Qumran-Texte allenfalls Marginales beizutragen.

Entscheidend sind hingegen, wie gesagt, für die Kenntnis Jesu von Nazaret die Schriften des Neuen Testaments, besonders die Evangelien. Sie haben völlig Recht, das sind religiöse Texte. Aber noch einmal sei es gesagt: Es sind auch, und zwar solide, historische Quellen. Es ist ja sehr bezeichnend, dass die Althistoriker daran nicht zweifeln, während dies die Theologen einer gewissen Richtung tun.

il: Wie gehen Sie mit diesen Quellen um?

wb: Nun, zuallererst sind sie nach guter historischer Methode zu untersuchen. Dabei lautet die erste Frage, wann, d. h. in welchem Abstand zu dem in ihnen berichteten Geschehen, sie denn entstanden sind. Darüber gibt es in der Tat eine bis heute nicht endgültig entschiedene Diskussion, und zwar seit ca. 200 Jahren. Man kann aber mit Sicherheit feststellen, dass die Evangelien zu einer Zeit entstanden und verbreitet worden sind, zu welcher Zeitgenossen Jesu von Nazaret in großer Zahl noch am Leben waren. Dieser Umstand sichert dem Berichteten hohe Glaubwürdigkeit. Die Texte selbst gehen auf Augen- und Ohrenzeugen der Ereignisse zurück. Und wenn sich gewisse Leute die Mühe machen würden, genauer hinzusehen, dann würden sie entdecken, dass kein gesichertes historisches Faktum dem widerspricht, was die Evangelien berichten.

MARIA UND DER ENGEL:
DRAMA UND MYSTERIUM

il: Die Evangelien berichten auch dies: Jesus wurde „empfangen durch den Heiligen Geist" und „geboren von der Jungfrau Maria". So steht es auch im Apostolischen Glaubensbekenntnis. Ich frage mich, wer selbst von den regelmäßigen Kirchgängern das noch glaubt, und traue mich, ehrlich gesagt, gar nicht danach zu fragen.

Vor Jahren habe ich erlebt, wie eine von christlichem Selbstverständnis durchdrungene Dame sich fest davon überzeugt zeigte, dass Jesus von Josef gezeugt worden sei. Mein Hinweis auf das Apostolische Glaubensbekenntnis – das auch die Protestanten beten – wurde elegant beiseitegewischt.

Wer ist schuld daran, dass dieses Essential des christlichen Glaubens erst angezweifelt, dann verworfen und schließlich dem Gespött der Atheisten preisgegeben worden ist? Wieder die liberalen Theologen? Oder geht alles auf einen Übersetzungsfehler im Alten Testament zurück, wo der Prophet eigentlich gar nicht von einer Jungfrau, sondern von einer jungen Frau spricht?

wb: Die Antwort auf die zuletzt gestellte Frage ist verhältnismäßig einfach. Denn der Prophet Jesaja (7,14) spricht von der Geburt dieses Kindes als von einem prophetischen Zeichen. Dass eine junge Frau ein Kind bekommt, ist etwas so Alltägliches, dass es sich als Zeichen überhaupt nicht eignet. Die Septuaginta, also die noch jüdische Übersetzung des Alten Testaments ins Griechische, übersetzt das hebräische „Alma", das junge Frau und Jungfrau bedeutet, denn auch eindeutig mit „Parthenos", d. h. mit Jungfrau. Und damit dürfte es klar sein, dass hier die Geburt eines Kindes von einer Jungfrau in Rede steht.

il: Geboren von der Jungfrau Maria, empfangen durch den Heiligen Geist. Die berühmte Szene. Warum ein so spektakulärer Auftakt?

wb: Ja, ganz einfach, weil es so geschehen ist.

il: Und weiter? Sie wollen doch jetzt keinen Schlusspunkt machen?

wb: Wir haben doch hier kein Drama vor uns, das interpretiert wird.

il: Ich denke schon, dass es auch ein Drama ist. Ein großes sogar, bei dem übrigens ganz im aristotelischen Sinne die Einheit von Ort, Zeit und Handlung gegeben ist. Wir haben einen Ort im

Heiligen Land. Wir haben ein Haus und darin ein Zimmer. Wir haben in diesem Zimmer eine Jungfrau. Die Jungfrau ist mutterseelenallein. Das allein ist doch eine vielversprechende Ausgangssituation. Man spürt förmlich: Jetzt muss etwas passieren. Und in der Tat: Ein Engel tritt auf, und was dieser Engel der Jungfrau bringt, ist – logischerweise – eine göttliche Botschaft. Durch den Mund des Engels spricht Gott mit der Jungfrau und verkündigt ihr, sie werde vom Heiligen Geist ein Kind empfangen. All das war schon ziemlich viel auf einmal. Doch es kommt noch besser.

Die Jungfrau flieht nicht – wie der kleine Prophet Jona. Sie fällt nicht in Ohnmacht – wie die Marquise von O. bei Heinrich von Kleist. Sie bittet nicht um Bedenkzeit – wie die Prinzessin in einem Grimm'schen Märchen. Denn diese Jungfrau ist Jüdin. Sie diskutiert mit dem Engel. Das ist beste jüdische Tradition, würde ich sagen. Sie ist ganz und gar ein Kind aus dem Volk Abrahams und Ijobs. Die haben bekanntlich auch mit Gott diskutiert. Wir haben es hier mit einer freien und mit einer aufgeklärten Jungfrau zu tun. Aber nachdem ihr die Sachlage klargeworden ist, sagt sie Ja: „Mir geschehe nach deinem Wort." Das ist ihre einzige Antwort. Das ihr berühmtes „Fiat". Also: Wenn all das nicht im höchsten Grade dramatisch und außerordentlich spektakulär ist, was dann?

wb: Sie sind eben immer noch ein Kind des Theaters. Das merkt man jetzt. Sie wollen den Evangelisten Lukas hoffentlich nicht zum Theaterdichter machen!

il: Natürlich nicht! Da sind wir uns einig. Sein Bericht ist aber auch ein Drama. Und aus theologischer Sicht?

wb: Wir stehen hier vor einem göttlichen Mysterium. Dessen Sinn und Bedeutung und Begründung aus der Offenbarung zu erforschen, ist natürlich eine Bände füllende Angelegenheit. Aber ich will hier nun wirklich nicht kneifen. Also: Ich gebe natürlich zu, dass die Glaubenslehre von der Geburt Jesu aus der Jungfrau Maria, die ihren Sohn ohne einen menschlichen Vater empfangen habe, unglaublich klingt und jeder menschlichen Erfahrung widerspricht.

WIDER DIE HERMENEUTIK
DES VERDACHTS

il: Und gegen all das erhebt sich – aus Aufklärungssicht geradezu zwangsläufig – ein ganzer Schwarm von Fragezeichen und Widerworten. Oder deutlicher gesagt: eine Hermeneutik des Verdachts.

wb: Aber ist etwas, weil dergleichen noch nie vorgekommen, deswegen schon unmöglich? Ist etwas, was den gemeinhin bekannten Naturgesetzen widerspricht, deswegen undenkbar?

Wer diese Frage mit einem Ja beantwortet, der erhebt allerdings ganz unbedenklich menschliche Erfahrungen und menschliches Denkvermögen bzw. die Vernunft zum nicht hinterfragbaren Kriterium für Möglich und Unmöglich. Aber ein solches Kriterium wird durch die Erfahrung ad absurdum geführt.

Wie viel hat sich nicht am Ende schon als tatsächlich erwiesen, was Jahrtausende als unmöglich galt? Es sollten uns doch die verhältnismäßig engen Grenzen der menschlichen Vernunft, des menschlichen Erkenntnisvermögens, bewusst bleiben. Ergo: Wenn auf historisch-kritischem Wege die Tatsächlichkeit eines Faktums, eines Ereignisses, gesichert werden kann, dann gilt: Contra factum non valet argumentum. Eine Tatsache kann durch kein Argument aus der Welt geschafft werden.

il: Damit stehen wir vor dem Problem, dieses Faktum zu erklären.

wb: Warum erinnern wir uns da nicht an den mit menschlichen Kategorien nicht fassbaren, wenn auch erkennbaren, unendlichen Schöpfergeist? Ist nicht er es, der die Grenzen zwischen möglich und unmöglich zieht? Ist es denn vernunftgemäß, die Möglichkeit von Ereignissen bzw. Tatsachen zu leugnen, die sich einer natürlichen Erklärung entziehen? Nach diesen allgemeinen Überlegungen, die ich auch für andere Fälle im Kopf zu behalten bitte, nun einige Details zu der Frage Jungfrauengeburt Jesu.

Natürlich weiß ich, dass sehr viele Bibelwissenschaftler behaupten, die sogenannten Kindheitsgeschichten, wie sie von Matthäus (1,18–2,23) und Lukas (1 und 2) erzählt werden, seien historisch wertlos. Fromme Legenden. Elemente des Mythos seien hier mit verschwindend geringen Fakten zu einer poetisch erbaulichen Geschichte verwoben worden, um die Göttlichkeit des Kindes von Betlehem, das übrigens in Wahrheit in Nazaret zur Welt gekommen sei, zu begründen. Aber so einfach geht das nicht.

Zunächst ist festzustellen, dass die Evangelien des Matthäus und des Lukas ausdrücklich von Betlehem berichten. Bei allem wunderbaren Inhalt erscheinen beide Berichte als historisch zuverlässig und auf ursprüngliche Auskünfte aus dem Kreis der Zeugen zurückgehend. Da ist die Volkszählung, der Census, deretwegen Josef und Maria nach Betlehem gingen, wo Jesus geboren wurde. Was Lukas über sie berichtet, entspricht bis in die Terminologie und die Einzelheiten hinein dem, was über Steuerveranlagungen und Volkszählungen in dieser Zeit auf Grund neuerer Funde und Forschungen bekannt ist.

il: Stop! Verzeihen Sie, wenn ich so harsch unterbreche. Aber jetzt sind Sie schon beim Census, also der Volkszählung, die von den Römern angeordnet worden war und die sich historisch nachweisen lässt. Nur: Wie wollen Sie mit dem Census den Verkündigungsengel und alles, was folgt, begründen?

wb: Ich meine zunächst einmal, wenn in dieser Sache korrekt berichtet wird, warum dann nicht auch in der anderen?

il: Das überzeugt mich nun wirklich nicht!

wb: Warum nicht? Lukas ist Historiker. Und er erklärt, dass er es sein will. Und er berichtet diese Geschichte mit dem Census korrekt. Ich muss also dann, wenn ich die Jungfrauengeburt nicht akzeptieren will, begründen, warum er ausgerechnet in diesem Punkt …

il: Noch einmal: Einspruch! Ich denke, man kann mit guten Gründen die Sache auch genau andersherum sehen: Wenn ich ein unglaubliches Faktum habe, dann bette ich das in eine Reihe glaubwürdiger Fakten ein. Das überzeugt – möglicherweise. So macht es doch auch Dan Brown. Ja, Josef und Maria sind wegen des Census losmarschiert. Ja, sie sind in Betlehem angekommen. Aber gleichwohl kann das Kind von Josef sein oder von wem auch immer.

wb: Lukas und Matthäus sagen doch ausdrücklich, dass das nicht der Fall sei. Ich wiederhole: Warum würden sie in dem einen Fall historisch korrekt, in dem anderen unkorrekt berichten, im anderen Fall erfinden?

il: Da kann es viele Gründe geben. Doch das ist nicht der Ausgangspunkt. Sie können nicht mit einer Gegenfrage kommen. Die andere Seite argumentiert: Lukas und auch Matthäus behaupten etwas ganz und gar Unwahrscheinliches. Das muss widerlegt werden.

wb: Nun bitte ich Sie wirklich, das eben schon formulierte Argument ernst zu nehmen: „ganz und gar unwahrscheinlich" ist eben nicht „unmöglich", vor allem dann, wenn es entsprechende Anhaltspunkte wie erwiesene Glaubwürdigkeit der Zeugen gibt!

il: Gut, die glaubwürdigen Zeugen könnten überzeugen, und dass „ganz und gar unwahrscheinlich" nicht automatisch „unmöglich" bedeutet, ist logisch nicht falsch. Doch weiter. Sie wissen, als alter Theatermann interessiere ich mich nicht nur für Dramatik, sondern auch für die Dialoge.

wb: Nun aber, bitte, Vorsicht! Der Historiker muss wiederum darauf aufmerksam machen, dass wir hier kein Gesprächsprotokoll vor uns haben. Lukas gestaltet auch hier literarisch, was ihm seine Gewährsleute berichtet haben – und was letztlich gewiss auf Maria, die einzige Zeugin, zurückgeht.

il: Dennoch: Ganz wunderbar ist der Dialog zwischen dem Engel Gabriel und der Jungfrau Maria. Er sagt: „Fürchte dich nicht, Maria; denn du hast bei Gott Gnade gefunden. Du wirst ein Kind empfangen, einen Sohn wirst du gebären: Dem sollst du den Namen Jesus geben. Er wird groß sein und Sohn des Höchsten genannt werden. Gott, der Herr, wird ihm den Thron seines Vaters David geben. Er wird über das Haus Jakob in Ewigkeit herrschen, und seine Herrschaft wird kein Ende haben."

Das sind nun in der Tat gewaltige Ankündigungen, nach denen ich mich vermutlich erst einmal genauer erkundigt hätte. Doch Maria, die kluge jüdische Jungfrau, setzt woanders an. Nämlich beim ganz Praktischen. Oder anders gesagt beim Anfang. Sie fragt nicht nach Gott, Gnade und dem Thron Davids. Sie will wissen, wie ausgerechnet sie zu diesem Kind kommen wird: „Maria sagte zu dem Engel: Wie soll das geschehen, da ich keinen Mann erkenne? Der Engel antwortete ihr: Der Heilige Geist wird über dich kommen, und die Kraft des Höchsten wird dich überschatten."

Also: Erstens: Maria weiß, wie normalerweise Menschenkinder entstehen. Sie ist aufgeklärt! Und sie spricht die auf Anhieb nicht leicht verständlichen Worte: „da ich keinen Mann erkenne". Sie sagt nicht, da ich keinen Mann erkannt habe. Sie meint das offenbar grundsätzlich: Sie „erkennt" keinen Mann heißt im Klartext, sie schläft mit keinem Mann. Sie ist augenscheinlich aus Überzeugung Jungfrau. Sie hat sich für diese Lebensform entschieden, bevor der Engel kam. Und soviel ich weiß, soll sie so etwas wie ein Jungfrauengelübde abgelegt haben. Aber das scheint theologisch höchst umstritten zu sein.

wb: Diese Schwierigkeit ist inzwischen behoben!

il: In welchem Sinne?

wb: Nun: Die Frage des Jungfräulichkeitsgelübdes Mariens wurde bisher von vielen strikt verneint, weil man meinte, dass es im ganzen jüdischen Kulturkreis, im jüdischen religiösen Denken undenkbar sei, dass ein Mädchen nicht Mutter werden wollte. Da kommt nun allerdings Qumran ins Spiel. Hier haben wir nämlich einen Text aus der Zeit vor Christi Geburt, die sogenannte Tempelrolle. Und in dieser Tempelrolle werden u. a. am Ende Vorschriften über verschiedene religiöse Verhaltensweisen gegeben. Da ist nun auch die Rede von Jungfräulichkeitsgelübden. Von Unverheirateten wie von Verheirateten. Das gab es also wirklich und es war im essenischen Milieu offenbar nicht ungewöhnlich. Eine gewisse Nähe der Familie Jesu zu essenischen Kreisen haben wir ja schon erwähnt.

il: Was ist nun aber mit dem „Magnifikat"? Das soll die Gottesmutter Maria ja auch nie wirklich gesagt haben.

wb: Sie meinen also den Lobgesang, den – so der Evangelist Lukas (1,47–55) – Maria bei ihrer Begegnung mit Elisabet gesprochen habe? Nun, auch dieser Text ist eine Komposition von Lukas.

il: Bitte nicht! Bisher ist es doch so gut gelaufen. Das enttäuscht mich jetzt aber sehr.

wb: Tut mir leid.

il: Hat die Gottesmutter das „Magnifikat" nie so gesagt, wie es uns Lukas überliefert: „Meine Seele preist die Größe des Herrn, und mein Geist jubelt über Gott, meinen Retter"?

wb: Mit großer Sicherheit nicht. Ebenso wie Zacharias – der Vater Johannes' des Täufers – das „Benediktus", seinen Lobgesang (1,68–79), gewiss nicht in dieser Form gesprochen hat.

il: Und in diesem Fall soll die historisch-kritische Exegese also Recht haben. Warum ausgerechnet hier?

wb: Sie führt auch in anderen Punkten zu richtigen Ergebnissen! Was nun das „Benediktus" und „Magnifikat" betrifft – und das gilt auch von Reden des Petrus etc. in der Apostelgeschichte –, folgt Lukas der Tradition der antiken Historiografie. Nehmen Sie doch bitte zur Kenntnis, dass die historisch-kritische Methode bei der Interpretation des Neuen Testaments – innerhalb ihrer Grenzen – notwendig und auch fruchtbar ist. In diesen beiden Fällen zeigt sie uns, aus welchen Versatzstücken beide hochbedeutsamen Texte zusammengefügt sind. Sie werden doch nicht annehmen, dass zum Beispiel im Augenblick der Begegnung Mariens und Elisabets ein Stenograf den Bleistift gezückt hat?

il: Was heißt hier Stenograf? Seit Homer kennen wir die mündlichen Überlieferungen, und die Jünger haben die Jesusworte ja wohl auch nicht mitstenografiert und trotzdem sind sie uns überliefert. Aber ich will hier deswegen kein Faß aufmachen. Gleichwohl: Das ist für mich außerordentlich bitter. Das muss ich schon sagen. Von wem ist das „Magnifikat" denn geschrieben worden?

wb: Von Lukas. Der Autor komponiert einen Text, dessen Inhalt – nicht aber seine Sprachgestalt – historisch glaubwürdig ist. Ein zuverlässig überlieferter Inhalt wird vom Geschichtsschreiber literarisch gestaltet.

il: Die Madonna sagt: „Siehe, von nun an preisen mich selig alle Geschlechter." Aber genau das ist doch passiert.

wb: Ja, natürlich. Das hat Lukas schon geahnt. Und der Heilige Geist, der ihn inspiriert hat.

il: Na schön. Aber eines Tages wird ein marianisch inspirierter historisch-kritischer Theologe herausfinden, dass das „Magnifikat" doch so wörtlich von Maria stammt.

wb: Ich will Ihnen die Vorfreude auf diesen Augenblick nicht nehmen – sie dürfte aber kaum ein Ende haben!

il: Maria, was weiß man denn über ihren Bildungsgrad?

wb: Der Bildungsgrad jüdischer Kinder war durchaus hoch. Die Juden waren durchwegs des Lesens und wohl auch des Schreibens mächtig.

il: Ja, das Volk der Schrift. Es ist eben Gottes Volk. Und wir kennen die Bilder: Maria ist abgebildet mit einem Buch in der Hand, als der Engel zu ihr kommt. Sie ist beim Lesen gestört worden.

wb: Das steht aber bei keinem Evangelisten.

il: Ja. Ich weiß. Das steht nicht in der Bibel. Aber schön ist es dennoch. „Der Heilige Geist wird über dich kommen, und die Kraft des Höchsten wird dich überschatten": Weiß man etwas über dieses Bild?

wb: Ja, natürlich. Die überschattende Wolke ist in der Bibel immer ein Zeichen der machtvollen, Heil wirkenden Gegenwart Gottes.

il: Die Wolke, am Roten Meer, über dem Bundeszelt der wandernden Israeliten!

wb: Und dann auch auf dem Tabor bei der Verklärung Jesu und bei der Himmelfahrt.

STERNE ÜBER BETLEHEM

il: Welche anderen historisch gesicherten Fakten können Sie denn im Zusammenhang mit Christi Geburt noch nennen?

wb: Nun, auch der Magierbesuch und der Stern von Betlehem sind durch die jüngste Forschung als historisch gesichert dargetan. Da ist auf Konrad Ferrari d'Occhieppo zu verweisen, den bedeutenden Kenner der antiken Astronomie und langjährigen Direktor des Instituts für historische Astronomie an der Akademie der Wissenschaften in Wien, der 2007 gestorben ist. Dessen

Buch ist in mehreren Auflagen erschienen. Er hat u. a. nachgewiesen, dass selbst der Wortlaut des Matthäusevangeliums (2,1–13) Ausdrücke aus der astronomischen Fachsprache enthält.

il: Wissen Sie, was das für Fachtermini sind?

wb: Da geht es etwa um den Terminus „Anatole": „Wir haben seinen Stern im Morgenland gesehen." Das ist aber eine völlig falsche Übersetzung, richtig ist: „Wir haben seinen Stern bei seinem Aufgang gesehen!" Wenn es „im Morgenland" bedeuten würde, dann müsste es „en anatolais" heißen, also im Plural stehen. Es steht dort aber „en anatolä" und das ist der Frühaufgang eines Gestirns.

il: Das ist jetzt Griechisch?

wb: Ja. Es geht um den Frühaufgang eines Planeten. Es gibt noch mehrere Begriffe dieser Art im Matthäusevangelium.

il: Was ist mit diesem Stern passiert? Wo ist der heute? Gibt es den noch?

wb: Es handelt sich um eine dreimalige Konjunktion von Jupiter und Saturn im Sternbild der Fische. Und diese Konjunktion ist ein besonderes astronomisches Phänomen, das sich nur alle ca. 800 Jahre ereignet. Und das ist genau im Jahre 7 – 6 vor Christus passiert. Man hat tatsächlich einen ganzen Kalender des Jahres 7 – 6 vor Chr. in einer Keilschriftbibliothek in Mesopotamien gefunden. Ferrari d'Occhieppo und andere haben ihn dann ausgewertet.

il: In Mesopotamien gab es Kalender von jedem Jahr?

wb: Ja, die Frage ist nur, was davon erhalten ist. Ausgerechnet dieses Jahr ist aber in zwei oder drei Exemplaren von Tontafeln erhalten.

il: Wie praktisch!

wb: Ja, es ist in der Tat erstaunlich, dass gerade in jüngerer Zeit eine Reihe von archäologischen Funden die geschichtliche Zuverlässigkeit der Evangelien untermauern.

il: Schön, also ein kleines Geschenk von oben.

wb: Es ist nicht das einzige. Bleiben wir nur hier in Rom! Da wird nun festgestellt, dass das Grab des Apostels Paulus tatsächlich unter dem Altar der Paulus-Basilika ist. Oder, noch viel interessanter, der Kreuzes-Titulus! Sie erinnern sich, dass in den Evangelien die Rede davon ist, daß Pilatus am Kreuz Jesu die Inschrift anbringen ließ: „Jesus von Nazaret, König der Juden!" Nicht nur, dass es tatsächlich üblich war, den Grund für die Kreuzigung anzubringen, man hat mit größer Wahrscheinlichkeit eine Hälfte dieser Holztafel in Rom gefunden!

il: Wie kommen Sie darauf?

wb: Seit Jahrhunderten wird in der Kirche Santa Croce in Gerusalemme diese Holztafel aufbewahrt und ohne viel Nachdenken als Reliquie verehrt. Vor einigen Jahren hat man sie nun gründlich untersucht und Erstaunliches festgestellt. Einmal, daß der Text „Jesus von Nazaret …", wie er auf der Tafel steht, mit keiner der bekanntlich in Einzelheiten voneinander abweichenden Formulierungen der Evangelien genau übereinstimmt. Verstehen Sie, er stimmt nicht mit der Bibel überein.

il: So wollen damit sagen: Wenn ein späterer Fälscher am Werk gewesen wäre, hätte er sicher eine der biblischen Textformen übernommen.

wb: Richtig! Was noch mehr erstaunt: Sie wissen ja, dass der Text hebräisch, griechisch und lateinisch dastand. Nun, die griechische Zeile ist ebenso von rechts nach links geschrieben worden, wie man dies auch im Hebräischen macht. Wiederum: ein Fälscher hätte es „besser" gemacht! Außerdem finden sich da Buchstabenformen, wie sie uns aus dem 1. Jahrhundert n. Chr. bekannt sind. Da haben wir also mit größter Wahrscheinlichkeit einen hölzernen Zeugen für das Geschehen auf Golgota. Nur, wie gesagt, es gibt noch mehr dergleichen aus jüngster Zeit. Summa summarum meine ich, dass die Entkräftungsklimmzüge des Agnostizismus zu krampfhaft wirken, als dass man sie angesichts der Forschungslage noch ernst nehmen sollte. Doch zurück zum „Weihnachtsthema"!

ENGELSGESANG

il: Aber was es schwierig macht, ist gleichwohl dies: Mal ist es historisch verbürgt, dann wieder nur eine Metapher. Wer soll sich da zurechtfinden?

wb: Für eine solche Unterscheidung stehen dem Historiker die bewährten Methoden der Quellenkritik zur Verfügung. Dazu nur ein Beispiel: Der arme Lazarus und der reiche Prasser (Lukasevangelium 16,20ff.) oder der barmherzige Samariter (ebd. 10,25ff.) haben nie gelebt. Sie sind Figuren in einer Lehrerzählung Jesu. Denken Sie aber etwa an die Passionsgeschichte, da ist es offenkundig, dass Tatsachen berichtet werden sollen. Auch die Volkszählung und der Magierbesuch in Betlehem sind Ereignisberichte.

il: Nun aber konkret: Haben die Engel über der Geburtsgrotte zu Betlehem gesungen?

wb: Ja, der Engelsgesang in Betlehem mit dem „Ehre sei Gott in der Höhe" etc., das klingt für manche Ohren denn doch zu fantastisch. Wie auch manch anderes in den Evangelien Berichtete. Da will ich Ihnen nicht widersprechen. Bedenken Sie aber bitte eines: In all diesen Fällen handelt es sich um Dinge, die in der Alltagserfahrung des Menschen nicht vorkommen. Und für die es eben deswegen auch keinen adäquaten sprachlichen Ausdruck gibt.

Der Mensch erfährt, erlebt Unsagbares, Unaussprechliches, und wenn er dies trotzdem mitzuteilen versucht, findet er lediglich Worte, die nur irgendwie und immer unzureichend ausdrücken können, was er eigentlich sagen wollte. Das heißt, wir sollten, wenn von solchen Dingen die Rede ist, uns bewusst machen, dass das, was zu berichten versucht wird, viel größer ist als die Worte, die dafür zur Verfügung stehen. Die Streichholzschächtelchen unserer Begriffe fassen die übernatürliche, göttliche Realität nicht. Unsere Begriffe zerbrechen, wenn sie das Mysterium greifen wollen.

il: Wir kennen das Wort „Sphärenklänge", und wir wissen eigentlich nicht, was das genau sein soll. Wir benutzen das Wort, ohne zu wissen, wie die Sphären klingen. Meinen Sie das?

wb: So in etwa. Es gibt eben die Kategorie des Mysteriums, dessen Wirklichkeit nicht dadurch verkleinert wird, dass es keine ausreichenden menschlichen Ausdrücke dafür gibt. Wir stehen ja selbst, wenn wir ein Kunstwerk oder einen Wein beschreiben wollen, vor einer nahezu unlösbaren Aufgabe. Man höre sich einmal einen Kunsthistoriker oder Weinkenner an, wenn diese ins Schwärmen kommen! Was da nicht an Worten gebildet, erfunden wird! Welch eine Akrobatik der Begriffe, die sich geradezu überschlagen. Kann man sich am Ende wirklich etwas unter dem Gesagten vorstellen?

„Das Schicksal, unsagbar zu sein, teilt das Höchste mit dem Niedrigsten. Weder Gott noch die Farbe des Papiers können mit Worten beschrieben werden." So Ortega y Gasset. Die Aussagekraft der Sprache und damit ihre Mitteilungsfähigkeit haben verhältnismäßig enge Grenzen. Auch Goethe fällt einem ein: „Im Ganzen – haltet euch an Worte! Denn eben, wo Begriffe fehlen, da stellt ein Wort zur rechten Zeit sich ein." Nun ja, es ist Mephisto, der das sagt!

Aber – Spaß beiseite – es ist nun einmal so, dass unsere Worte und Begriffe Streichholzschächtelchen gleichen. Sie fassen nur die kleinen Dinge. An den größeren zerbrechen sie. Darum bleibt der religiösen Sprache angesichts des Ungenügens des Begriffs oftmals nur das Bild – auch die Redeweise des Mythos. Beides ist jedoch unter diesem Vorzeichen zu lesen – was unsere Atheisten natürlich übersehen.

Darum ist es gut, nicht zu vergessen, dass Thomas von Aquin im Anschluss an Augustinus sagt: „attingere Deum mente, magna beatitudo est": Nicht begreifen – nur ein wenig herantasten an Gott, ist schon eine große Wonne! Keine menschliche Rede von Gott kann eine adäquate Erfassung der Wirklichkeit Gottes sein – allenfalls ist es eine Annäherung von weit her.

il: Bleibt aber dann nicht alles im Nebulösen?

wb: Nicht notwendig! Vor allem sollten Sie nicht

das letztlich nicht auszulotende Geheimnis „Gott"
als etwas Nebulöses bezeichnen.

Wenn wir – wie gesagt – auch den unendlichen
Gott nicht begreifen können, so sind wir doch in
der Lage zu sagen, wie oder was Gott nicht ist! Es
würde dem Wesen des absolut Vollkommenen
widersprechen, würden wir irgendetwas von ihm
aussagen, was mit dieser grenzenlosen Vollkom-
menheit nicht vereinbar wäre. Z. B. Zeit- oder
Ortsgebundenheit, Materialität oder Irrtum. Damit können wir also Vieles von unserem Gottesbegriff ausschließen. In der Theologie nennt man
das „via negativa", weil dadurch eliminiert wird,
was einem wahren „Begriff" von Gott nicht entspricht. Könnten Sie mir da zustimmen?

il: Natürlich! Allein schon von „Begriff" im Zusammenhang mit Gott zu sprechen, ist sehr ris-
kant. Von einem „Begreifen" des Unendlichen
kann doch wohl keine Rede sein!

wb: Aber hören Sie noch einen Augenblick zu, ich
möchte Sie noch auf einen anderen Gedanken-
gang mitnehmen: Wenn ich mich um eine solche
Annäherung bemühe, dann ist ein weiterer Denk-
fehler zu vermeiden, der darin besteht, Begriffe
aus dem Bereich des Menschlichen im Verhältnis
eins zu eins auf Gott anzuwenden. Da macht es

uns sogar die Bibel schwer, wenn sie ganz einfach von Güte, Gerechtigkeit, Langmut, Geduld oder Zorn Gottes etc. spricht.

Die Versuchung beim Versuch, dies zu verstehen, das Maß an unserer menschlichen Erfahrungs- und Begriffswelt zu nehmen, liegt nahe. Das aber würde in die Irre führen. Gewiss: Gott ist gut, gerecht etc., aber nicht in menschlicher, sondern eben in göttlicher Weise. Mit diesem Vorzeichen ist jede menschliche Aussage über Gott zu verstehen – und wir wissen ja aus der Mathematik, dass das Vorzeichen den Inhalt der Klammer bestimmt! In der philosophischen Fachsprache spricht man von „Analogie". Analogie aber heißt: Es gibt zwischen beiden eine Ähnlichkeit – wobei die Unähnlichkeit größer ist als die Ähnlichkeit. Schwierig?

il: Bedeutet das: Wenn etwa von „Vater", „Sohn" und „Heiligem Geist" und von der Dreieinigkeit Gottes die Rede ist, die albernen Einwände wie „Drei ist ungleich eins" ins Leere stoßen?

wb: Sie sagen es. Auch „Person" meint – ausgesagt von Gott – nicht Person im menschlichen Sinne. Schon der Apostel Paulus wusste um die Fragwürdigkeit der Anwendung menschlicher Begriffe auf Gott, wenn er sagt: „Stückwerk ist unser Erkennen! Jetzt schauen wir durch einen Spiegel ein verschwommenes Bild." Man halte uns also nicht für naiv, wenn wir, sehr wohl um die Grenzen jeder Rede von Gott wissend, dennoch vom ihm sprechen.

Dazu wäre noch viel zu sagen – wenig Neues zwar, sondern längst klassisch Formuliertes. Hier aber soll das Gesagte genügen, um zu Vorsicht, Behutsamkeit und intellektueller Bescheidenheit aufzufordern, wenn es um die Rede von Gott geht, auch, oder gerade dann, wenn man den Glauben in Frage stellen oder ablehnen möchte.

WAS IST EIN FAKTUM?

il: Ich möchte noch einmal auf die Engelsgesänge zu sprechen kommen. Jedem ist eigentlich klar, dass sich Musik nicht adäquat in Worte fassen lässt. Dass diese Töne, die wir Musik nennen, uns von allen Künsten emotional am meisten bewegen, ist ebenfalls allgemeiner Konsens, denke ich.

Und wenn nun damals bei der Geburt des Gottessohnes Jesus in Betlehem etwas passiert ist, was mit Klängen zu tun hatte und was gleichzeitig jenseits all dessen war, was Menschen selbst musikalisch gemacht haben, dann ist das Wort Engelsmusik ein durchaus naheliegendes Wort. Doch ist laut Bibeltext nicht nur Musik gemacht, sondern auch gesprochen worden: „Heute ist euch in der Stadt Davids der Retter geboren; er ist der Messias, der Herr."

wb: Sie müssen auch hier damit rechnen, dass Lukas literarisch gestaltet, wenn er dieses Unsagbare ausdrücken muss!

il: Sie sagen: „Unsagbares ausdrücken". Und schon steht wieder die Frage im Raum, ob man als Historiker immer genau die Grenzlinie ziehen kann zwischen literarischer Gestaltung und der reinen Faktizität. Das ist ja genau der Punkt. Warum akzeptieren Sie die Engelschöre nicht als Faktum, aber die Jungfrauengeburt schon?

wb: Wer sagt Ihnen, dass ich den Engelsgesang nicht als Faktum akzeptiere? Natürlich tue ich das! Fragt sich eben nur, um welche Art von Faktum es sich handelt! Aber da verweise ich Sie auf das Gesagte: Es gibt Fakten, die die normalen, irdisch-menschlichen Kategorien sprengen. Und was den Engel Gabriel angeht, der bei Maria eintritt und zu ihr spricht – da bietet Lukas sicherlich keine Niederschrift eines Experiments oder eine Zeugenaussage vor Gericht.

il: Akzeptiert! Was die Engel angeht, da gibt es

übrigens sehr feine Unterschiede. Bei manchen Leuten reicht das einfach schon, wenn Gott durch einen Engel im Traume spricht. So wie bei Josef. Dann gibt es wieder andere, da reicht ein Traum offenbar nicht. Da wird ein Engel einem Ausgeschlafenen geschickt. Warum mal so, warum mal anders?

wb: Weil der eine der Lukas ist und der andere der Matthäus.

il: Berichten sie unterschiedlich?

wb: Sie erzählen nicht die gleiche Geschichte. Die Verkündigung ist nur bei Lukas berichtet, bei Matthäus geht es um Josef und die Magiergeschichte.

il: Gut, das heißt aber noch nicht, dass das eine gegen das andere ausgespielt werden kann.

wb: Zweifellos kann man das nicht! Wozu auch!

il: Wir wissen, dass wir die Bibel als Ganzes zu lesen haben, um sie zu verstehen.

wb: Richtig. Ihre verschiedenen Aussagen ergänzen einander, erklären sich, aber man muss doch jedem einzelnen Autor eine gewisse Freiheit in der

Gestaltung zubilligen. Die Bibel ist Gottes Wort in der Form menschlicher Rede. Vergessen Sie auch nicht, dass es außer der Verkündigungserzählung – die zweifellos kein polizeiliches Protokoll ist – eine Reihe anderer und zwar deutlicher Hinweise darauf gibt, dass Jesus keinen menschlichen Vater hatte!

Man denke nur, dass die Leute beim Auftritt Jesu in Nazaret, wo man ihn doch genau kannte, sagen: „Ist das nicht der Zimmermann, der Sohn der Maria?" Das heißt im Klartext: der uneheliche Sohn der Maria! Auch der Umstand, dass schon bald die Legende kursierte, Jesus sei der Sohn eines römischen Legionärs namens Panthera, weist in die gleiche Richtung!

JESUS: AUCH EINE FAMILIENGESCHICHTE

il: Dass Jesus der Sohn eines Römers ist, kam zuletzt bei den Nationalsozialisten groß in Mode. Sie wollten damit begründen, dass Jesus kein Jude war. Man übersah, dass man Jude durch die Mutter wird. Und die Gottesmutter war zweifellos eine Frau aus dem auserwählten Volk. Ich frage das, weil wir das vorhin, beim Stichwort „Census", gar nicht erwähnt haben. Dieses: „Es begab sich aber zu der Zeit, dass ein Gebot von Kaiser Augustus ausging, dass alle Welt geschätzt würde. Und diese Schätzung war die allererste, und geschah zur Zeit, da Quirinius Landpfleger in Syrien war."

wb: Gut, Luther, die Übersetzung!

il: Aber das ist ein anderes Kapitel. Jetzt sind wir beim Thema „und die Bibel hat doch Recht!" Die Geburt Christi wird ganz genau justiert. Seinerzeit nannte man nicht die Jahreszahl, sondern setzte Namen ein. Wie in unserem Fall Augustus oder Quirinius.

wb: Man muss ja beachten, dass die Kindheitsgeschichte bei Lukas eigentlich dem Evangelium vorangestellt wurde. Das Evangelium nach Lukas beginnt ursprünglich anders: „Es war im 15. Jahre der Regierung des Kaiser Tiberius. Pontius Pilatus war Landpfleger von Judäa, Herodes Vierfürst von Galiläa, sein Bruder Philippus Vierfürst von Ituräa und Trachonitis, Lysanias Vierfürst von Abilene, Hohepriester waren Annas und Kaiphas. Da ging der Ruf Gottes an Johannes, den Sohn des Zacharias in der Wüste" (3,1–6). Das ist eine exakte Datierung!

Die vorangestellte Jugendgeschichte Jesu, seine Kindheitsgeschichte, geht eindeutig auf ein aramäisches Original zurück. Das ist philologisch einwandfrei erkennbar. Danach beginnt nämlich ein ganz anderes Griechisch, nämlich das Griechisch des Lukas. Lukas hat bekanntlich nicht aramäisch geschrieben, sondern griechisch, und die ersten beiden Kapitel sind offenkundig aus dem Aramäischen übersetzt.

il: Und wo kommt die aramäische Vorlage her?

wb: Vermutlich aus der Familie Jesu. Das wäre doch die natürlichste Erklärung. Bei Lukas (2, 51–52) ist zu lesen: „Dann zog Jesus mit ihnen hinab und kam nach Nazaret und war ihnen untertan. Seine Mutter bewahrte alles, was geschehen war, in ihrem Herzen." Das ist die Quelle.

il: Das Herz Mariens, das Herz der Mutter, ist die Quelle für Kindheit und Jugend Jesu. Ja, was denn eigentlich sonst? Mit dieser schönen und recht eigentlich zu Herzen gehenden Erklärung versüßen Sie mir die bittere Pille mit dem „Magnifikat" von vorhin wieder. Die Mütter erinnern sich – an alles. Das ist so alt wie die Welt.

GELITTEN UNTER PONTIUS PILATUS

Doch kommen wir zur Passionsgeschichte: „gelitten unter Pontius Pilatus". Dieser Pontius Pilatus ist ein historisches Faktum, richtig?

wb: Aber natürlich. Für ihn gibt es außer der Erwähnung bei Tacitus auch ein archäologisches Zeugnis in Gestalt einer Inschrift auf einem Stein aus dem Theater in Caesarea, die 1961 entdeckt wurde.

il: Nach „gelitten unter Pontius Pilatus" geht es im Glaubensbekenntnis so weiter: „gekreuzigt, gestorben und begraben". Bis hierher können uns auch liberale Theologen folgen. Und für gewisse Atheisten ist die Passion Christi noch der wahrscheinlichste Teil einer insgesamt sehr unwahrscheinlichen Geschichte. Denn dass ein Mann namens Jesus gekreuzigt worden ist, wird ja erstaunlicherweise nur ganz selten bestritten.

wb: Die Passion. „Der wahrscheinlichste Teil einer unwahrscheinlichen Geschichte", sagen Sie. Vielleicht ein wenig mehr. Die Passionsberichte sind nämlich der harte Kern, um den sich die anderen Berichte der vier Evangelien gruppieren. Ihre historische Zuverlässigkeit ist trotz oder gerade wegen mancher Unterschiede im Detail unbestritten und Gegenstand zahlreicher historisch-kritischer Untersuchungen bis auf den heutigen Tag. Dabei geht es immer wieder auch um die Frage nach der Verantwortlichkeit für die Kreuzigung Jesu.

il: Sie haben das sicherlich nicht zufällig gesagt: „Dabei geht es immer wieder auch um die Frage nach der Verantwortlichkeit für die Kreuzigung Jesu." Wieso dieses Stichwort?

wb: Weil das bis heute ein Streitthema ist.

il: Das ist leider wahr. Wer hat Jesus zum Tod am Kreuz verurteilt? Im Neuen Testament ist es eindeutig: Verurteilt haben ihn die Römer. Aber nur weil die Hohen Priester das so wollten. Daraus resultiert dann später der Vorwurf des Gottesmordes. Der wiederum ist die Quelle für den Antijudaismus der Christen. Und von den Juden kommt der Vorwurf: Ohne den christlichen Antijudaismus hätte es keinen Antisemitismus gegeben. Mit anderen Worten: ohne christlichen Antijudaismus keinen Holocaust.

Man sieht: Das ist ein ausgesprochen schwieriges und sensibles Thema. Auf jüdischer Seite gibt es inzwischen nicht wenige Bücher, in denen bestritten wird, dass die Juden irgendetwas mit der Kreuzigung zu tun haben. Das macht den Vorwurf des Gottesmordes dann noch absurder. Doch Faktum bleibt wohl: Der Römer Pontius Pilatus hat Jesus zum Tode verurteilt, aber nicht aus eigenem Antrieb, sondern auf Drängen der Hohen Priester. Ich glaube, es ist ganz wichtig festzuhalten, dass für Pilatus der Konflikt zwischen Jesus und den Hohen Priestern ein Konflikt unter Juden ist.

wb: Das trifft zu. Der jüdische Hohe Rat hatte wohl die religiöse Gerichtsbarkeit, konnte aber kein Todesurteil aussprechen und vollstrecken. Doch zum Grundsätzlichen: Es ist selbstverständlich nicht möglich, hier dieses weitverzweigte und vielfach diskutierte Problem auszubreiten. Sicher ist, dass der Hohe Rat keineswegs einmütig der Auffassung war, dass der Anspruch Jesu, der von Gott gesandte Messias und Gottessohn zu sein, den Tatbestand der Gotteslästerung erfüllte – was nach jüdischem Gesetz die Todesstrafe nach sich zog. Um diese durchzuführen, war man auf die Besatzungsmacht angewiesen, weshalb die Hohenpriester den Fall „Jesus von Nazaret" als einen politischen Fall darstellten.

il: Jesus war Jude und seine Jünger sind es auch. Also Juden streiten mit Juden. Eine Sache, die wir aus dem Alten Testament hinlänglich kennen.

wb: Ja, und im Neuen Testament auch noch. Sie wissen ja, dass es im Judentum der Zeitenwende durchaus widersprüchliche Strömungen gab. Da waren die Sadduzäer, das ist im Wesentlichen die hohepriesterliche Aristokratie, die sich in zentralen Fragen, zum Beispiel Auferstehung der Toten, Existenz von Engeln, von den Pharisäern unterschieden, die im Gegensatz zu den Sadduzäern an beides glaubten. Dann waren da noch die Essener, deren ernste Frömmigkeit stark von Endzeiterwartungen bestimmt war – und zweifellos noch andere Gruppierungen, deren Erforschung im Gange ist.

il: Mit der Kreuzigung hört die Christus-Verfolgung ja nicht auf. Dann geht sie erst richtig los. Nachdem der Meister tot ist, werden seine Anhänger, seine Jünger, verfolgt, weil sie von seiner Auferstehung berichten und seine Lehre verbreiten. Stephanus wird als Erster gesteinigt. Es folgen noch andere, die offenbar aus der jüdischen Gemeinschaft ausgestoßen werden.

wb: Das ist ja schon zu Lebzeiten Jesu mit dem Blindgeborenen geschehen, den er geheilt hatte! Es gab durchaus einen solchen Ausschluss aus der Synagoge!

il: Ja. Und wie wollen wir dieses heikle Thema behandeln?

wb: Gar nicht.

il: Sehen Sie, ich finde, man muss es behandeln. Gerade weil es so heikel ist. Ich will mit alldem ja weder den christlichen Antijudaismus noch den Antisemitismus relativieren. Mir geht es um die historische Wahrheit, die zu einem Versöhnungsprozess zwischen Juden und Christen nun einmal dazugehört.

wb: Es kann kein Zweifel daran bestehen, dass ohne jüdische Intervention Pilatus nie tätig geworden wäre. Und jetzt spitzen Sie mal schön die Ohren.

il: Ich höre!

wb: „Israeliten, hört diese Worte: Jesus, den Nazaräer, den Gott vor euch beglaubigt hat durch machtvolle Taten, Wunder und Zeichen, die er durch ihn in eurer Mitte getan hat, wie ihr selbst wisst – ihn, der nach Gottes beschlossenem Willen und Vorauswissen hingegeben wurde, habt ihr durch die Hand von Gesetzlosen ans Kreuz geschlagen und umgebracht" (Apostelgeschichte 2, 22f.). Und wer sagt das?

il: Das sagt Paulus, nicht wahr?

wb: Das sagt Petrus in seiner Predigt an Pfingsten.

il: Und was sagt uns das?

wb: Das ist ganz klar. Es ist auch wieder ein Streit unter Juden.

il: Es ist ein Streit unter Juden, der sich dann allerdings historisch zu einem Streit zwischen Christen und Juden entwickelt hat. Bekanntlich mit den schlimmsten Folgen. Ohne jetzt Pogrome und Holocaust in einen Topf werfen zu wollen – doch der Holocaust gehört zu dieser Geschichte leider dazu. Theologisch ist das auch ein gewichtiges Thema, und mit Blick auf die Shoa hat das 2. Vatikanische Konzil auch eine – sagen wir mal – Neujustierung der Beziehung der katholischen Kirche zum Judentum vorgenommen. Oder sehe ich das falsch?

wb: Dazu das 2. Vaticanum: „Obgleich die jüdischen Obrigkeiten mit ihren Anhängern auf den Tod Christi gedrungen haben, kann man dennoch die Ereignisse seines Leidens weder allen damals lebenden Juden ohne Unterschied noch den heutigen Juden zur Last legen. Gewiss ist die Kirche das neue Volk Gottes, trotzdem darf man die Juden nicht als von Gott verworfen oder verflucht darstellen … Darum sollen alle dafür Sorge tragen, dass niemand … etwas lehre, das mit der evangelischen Wahrheit und dem Geiste Christi nicht im Einklang steht."

il: Ich denke, so können wir das hier abschließend stehen lassen. Machen wir also weiter: „Gekreuzigt, gestorben und begraben", so weit waren wir schon. Doch dann kommt noch ein entscheidender Satz: Nämlich: „hinabgestiegen in das Reich des Todes". Was ist das, dieses Reich des Todes? Warum musste Jesus dorthin? Hat er von innen die Hölle aufgeschlossen?

wb: Nein, so ist es gewiss nicht! Es gibt aber im 1. Petrusbrief des Neuen Testaments eine Stelle, die davon spricht: „... so ist er [sc. Christus] auch zu den Geistern gegangen, die im Gefängnis waren, und hat ihnen gepredigt" (3,19). Darauf bezieht sich dieser Satz des Glaubensbekenntnisses. Gemeint ist, dass die Seele Jesu nach ihrer Trennung von seinem Leibe – und das ist der Tod – das Schicksal aller Menschenseelen teilte und in jenen Zustand eintrat, den die Alten als Aufenthalt in der Unterwelt, dem Hades, bezeichneten. Die frühen Erklärer der Heiligen Schrift haben darüber tiefsinnige Überlegungen angestellt, die wir hier natürlich nicht wiedergeben können.

il: Aber nun kommt: „Am dritten Tage auferstanden von den Toten und aufgefahren in den Himmel". „Ammenmärchen", sagen die Atheisten, und das ist noch das harmloseste Wort in ihrem Verdammungsurteil. Denn eine „Auferstehung von den Toten" sei einer toleranten, aufgeklärten Gesellschaft unzumutbar, ja, sie ist für Atheisten anscheinend unerträglich.

DER STACHEL DES TODES

wb: Ja. Wie wäre es aber, wenn man seine Entrüstung über dieses „Ammenmärchen" etwas mäßigen würde. Man kann über die Auferstehung nämlich durchaus sachlich, vernünftig reden. Ohne verbale Entgleisungen. Übrigens gerade darin würde sich die Langmut einer „toleranten, aufgeklärten Gesellschaft" erweisen können. Gut, ich konzediere Ihnen, dass „Auferstehung vom Tod" eine Provokation darstellt. Nicht nur für den modernen Agnostiker oder Atheisten. Aber ehe man nun darüber aus dem Häuschen gerät, sollte man doch zuerst einmal fragen, was denn, und zwar im christlich-theologischen Verständnis, Auferstehung von den Toten überhaupt bedeutet.

Im Unterschied zu den Totenerweckungen, die Jesus tatsächlich bewirkt hat – nennen wir hier nur die Tochter des Jairus – bedeutet Auferstehung Jesu nicht einfache Rückkehr in das irdische menschliche Leben. Vielmehr handelte es sich, so der Tenor der neutestamentlichen Aussagen, um den Übergang aus dem Tod in eine den Gesetzen von Raum und Zeit enthobene, mit menschlichen Begriffen nicht fassbare, verklärte Existenzweise, in welcher der Auferstandene seinen Jüngern, seinen Freunden sicht- und greifbar begegnet ist. Auf dieser Basis können wir nun weiter diskutieren.

il: Hand aufs Herz, was hätte eine in der Grabkammer installierte Kamera am Ostermorgen aufnehmen können?

wb: Das weiß ich nicht. Aber eines kann man doch wohl sagen: Der Leichnam war auf einmal nicht mehr sichtbar. Dieses Verschwinden und das Zurückbleiben der Leintücher, das wäre wohl registriert worden.

il: Nun ist ein verschwundener Leichnam noch kein Beweis für die Auferstehung. Die Jünger könnten ihn gestohlen haben, um den Beweis für das Scheitern ihres Projekts zu beseitigen. Steht nicht sogar schon im Neuen Testament etwas vom Leichendiebstahl?

wb: Das trifft zu. Aber was sollen wir von den Zeugen für den Leichendiebstahl halten? Denn sie erklären doch selbst (Matthäusevangelium 28, 11,15): Seine Jünger kamen und nahmen den Leichnam fort, während wir schliefen. Anders gesagt: Die Augenzeugen haben geschlafen?

il: Augenzeugen mit geschlossenen Augen! Das ist allerdings ein Widerspruch in sich, und kein Gericht der Welt würde ihnen glauben. Gleichwohl sagt Matthäus: „So kommt es, dass dieses Gerücht [sc. des Leichendiebstahls] bei den Juden bis heute verbreitet ist."

wb: Ich sage es noch einmal: Die Auferstehung Jesu ist in der Tat für den modernen Menschen, auch manchen modernen Theologen, eine Provokation. So etwas, meint man, kann es nicht geben. Unmöglich! Wenn man aber die Evangelien nicht einfach in den Papierkorb entsorgen will, was bleibt dann? Dann muss man eben interpretieren. Da heißt es dann, Auferstehung bedeute ein „Weiterleben" Jesu in den Herzen seiner Jünger. Oder: „die Sache Jesu" gehe weiter, oder: „Jesus sei in seine Botschaft hinein auferstanden". Auferstehung sei ein „Interpretament der Urgemeinde" etc.

il: Sie haben gerade gewisse Theologen und ihre theologischen Ausflüchte zitiert. Es wird Sie überraschen, aber jetzt breche ich einmal eine Lanze für diese von mir bisher so sehr kritisierten modernen, liberalen Theologen. Es gibt da möglicherweise auch manche, die haben diese Neuinterpretationen in guter Absicht gemacht. Denn wenn man in alle Aufklärungszweifel hinein Theologie betreiben soll, dann hat man es wahrlich nicht leicht. Da hofft der eine oder andere vielleicht, man könne mit diesem „Realismus" weiterkommen. Ich gebe zu, dass mich solche Versuche, wie „die Sache Jesu in den Herzen der Jünger weitergeht" gerade auch in ihrer augenscheinlichen Hilflosigkeit rühren. Doch an Ihrem Gesichtsausdruck merke ich, dass Sie von meiner Sicht nicht überzeugt sind.

wb: Es ist zu deutlich, welche Verlegenheit die Auferstehung bereitet, wenn man nicht schlicht und einfach die Quellen ernst nimmt und akzeptiert, dass es eben so, unerklärlich, aber tatsächlich passiert ist. Wenn man dazu nicht bereit ist, dann aber müsste man mir wohl erklären, und zwar historisch plausibel erklären, wie es möglich war, dass ein solcher unglaublicher Schwindel nicht schon vor 2000 Jahren entlarvt wurde. Ein Blick in das Grab hätte doch genügt, um den Betrug platzen zu lassen. Aber stattdessen geschah das genaue Gegenteil.

Aus der durch das Karfreitagsgeschehen völlig demoralisierten und total frustrierten Gruppe der Jünger entsteht an dem Ort des Geschehens, vor den Augen der Zeitgenossen und einer feindlichen Autorität, eine Bewegung, die in Jerusalem sogleich Tausende von begeisterten Anhängern zählt, die dann die bekannte Welt erfasst und bis heute in Expansion begriffen ist.

Den Zweifeln, ganz gleich, in welchem Jahrhundert sie geäußert wurden, steht das eindeutige Zeugnis der unmittelbar Beteiligten entgegen: „Wir, die wir nach seiner Auferstehung unmittelbar mit ihm gegessen und getrunken haben" (Apostelgeschichte 10,40–42). Im 1. Korintherbrief (15,3–8) sagt Paulus, der Auferstandene sei 500 Brüdern auf einem Berg in Galiläa erschienen. „Die meisten von ihnen sind noch am Leben." Das konnte man nachprüfen!

Auch dem nüchternen Historiker ist, wenn er das Neue Testament ernst nimmt, klar, dass nach Kreuzigung, Begräbnis etwas geschehen sein muss, was die Beteiligten nur mit dem Begriff „Auferstehung", leibliche, doch verklärte Auferstehung bezeichnen konnten. Wer das nicht akzeptiert, erklärt die Verfasser der neutestamentlichen Schriften entweder als Verrückte oder als

Betrüger. Fragt sich nur, mit welchem Recht. Mit historisch-kritischer Methode hätte das jedenfalls nichts mehr zu tun.

il: Mit historisch-kritischer Methode hat das nichts mehr zu tun, sagen Sie? Aber womit dann? Mein Eindruck ist der, dass aus einer durchaus wissenschaftlichen Methode etwas geworden ist, was man eine Theologie des Unglaubens nennen könnte. Möglicherweise ist die Ursache ein Absolutsetzen der Vernunft. Da fehlt die Balance, der gute Ausgleich. Das ist bekanntlich auch ein Thema im Jesus-Buch von Papst Benedikt XVI.

wb: Dazu eine grundsätzliche Bemerkung. Wenn dieser gekreuzigte und begrabene Jesus in dem oben erwähnten Sinne auferstanden und seinen Jüngern eindeutig wahrnehmbar, sicht- und greifbar begegnet ist, dann gewinnen mit einem Male auch die Worte, die er vor der Auferstehung gesprochen hat, eine Bedeutung, ein Gewicht, wie es keinem anderen menschlichen Wort zukommt. Sein Anspruch: „Ich bin der Weg, die Wahrheit und das Leben" (Johannesevangelium 14,6) besteht zu Recht.

Das heißt, was er sagt, ist Offenbarung, ist Selbstmitteilung Gottes an die Menschheit und darum unerschütterlich wahr. Wenn dann der kritisch prüfende Zeitgenosse aufgrund der bisher dargestellten philosophischen, historischen Überlegungen bzw. Tatsachen zu der Erkenntnis gelangt ist, dass er hier wirklich göttliche Offenbarung vor sich hat, dann geht es ihm wie einem Bakteriologen, der sein Mikroskop zur Hand nimmt und nun auf einmal Lebewesen, Bazillen etc. sieht, die er vorher nie hätte wahrnehmen können.

il: Da Sie jetzt ein Beispiel aus der Bakteriologie erwähnen, möchte ich kurz auf die Mathematik kommen und an den großen Mathematiker Kurt Gödel erinnern. Er war ein enger Freund Einsteins, ist aber in der breiten Öffentlichkeit leider relativ unbekannt. Seltsam, denn man hat ihn einen „Mozart der Mathematik" und den „größten Logiker seit Aristoteles" genannt. Gödel hat 1930 Folgendes nachweisen können: Es gibt mathematische Sätze, die sind richtig, aber trotzdem kann man sie nicht beweisen. Gödel wies die Existenz unlösbarer Probleme nach. Die Kirche nennt so ein unlösbares Problem wohl ein Geheimnis. „In der Religion", schrieb Kurt Gödel einmal, „liegt viel mehr Vernunft, als man gewöhnlich glaubt."

wb: In der Tat, Vernunft und Glaube widersprechen einander keineswegs. Das Gegenteil trifft zu.

Der Glaube schaltet dem bloßen Auge der Vernunft eine neue Optik vor und verleiht ihr ungeahnte Erkenntnismöglichkeiten. Das gilt dann natürlich auch für die Lehre vom einen Gott, Vater, Sohn und Heiliger Geist. Die Begriffe sind – noch einmal sei's gesagt – ebenso wie der Person-Begriff, wenn von Gott ausgesagt, analog, nicht im menschlichen Sinn, zu verstehen. Das gilt auch für die Existenz der einen und heiligen apostolischen Kirche, für die Gemeinschaft der Heiligen und die Vergebung der Sünden. Die Taufe, die Auferstehung der Toten und das Leben der kommenden Welt. So die weiteren Sätze des Glaubensbekenntnisses.

Gegenstand der Reflexion, der wissenschaftlichen Auseinandersetzung, das ist Theologie, ist dann nicht mehr die Wahrheit, sondern der Inhalt dieser Aussagen, deren Wahrheit ja bejaht wird. Da nun geht es darum, aus der Zusammenschau ein tieferes Verständnis der Offenbarungswahrheiten bzw. Tatsachen zu gewinnen, den inneren Zusammenhang der einzelnen Aussagen zu erhellen und dies, soweit es möglich ist, einsichtig zu machen. Dabei wird sich der Theologe immer vor Augen halten, dass seine Bemühungen an der Grenze des Mysteriums haltmachen müssen.

il: Doch wollen wir weiterschreiten, und zwar zum Schluss des Glaubensbekenntnisses. Ich rekapituliere sicherheitshalber, worüber wir schon gesprochen haben: „Ich glaube an Gott, den Vater, den Allmächtigen, den Schöpfer des Himmels und der Erde, und an Jesus Christus, seinen eingeborenen Sohn, unsern Herrn, empfangen durch den Heiligen Geist, geboren von der Jungfrau Maria, gelitten unter Pontius Pilatus, gekreuzigt, gestorben und begraben, hinabgestiegen in das Reich des Todes, am dritten Tage auferstanden von den Toten." Hier stehen wir jetzt.

ENDSTATION HIMMEL

Was noch folgt, ist: „aufgefahren in den Himmel; er sitzt zur Rechten Gottes, des allmächtigen Vaters; von dort wird er kommen, zu richten die Lebenden und die Toten. Ich glaube an den Heiligen Geist, die heilige katholische Kirche, Gemeinschaft der Heiligen, Vergebung der Sünden, Auferstehung der Toten und das ewige Leben. Amen."

Beginnen wir mit Christi Himmelfahrt. Über die hört man erstaunlich wenig Negatives. Vielleicht liegt es daran, dass unsere Anti-Glaubenskämpfer sich in ihrem Furor gegen die Auferstehung erschöpft haben. Was mich allerdings wundert, denn hier haben wir es doch erneut mit einem Wunder zu tun.

Die Szene ist in der Apostelgeschichte sehr genau beschrieben. Nachdem der Auferstandene den Versammelten letzte Anweisungen und Belehrungen hinterlassen hat – „Ihr werdet die Kraft des Heiligen Geistes empfangen" –, geht es aufwärts: „Als er das gesagt hatte, wurde er vor ihren Augen emporgehoben und eine Wolke nahm ihn auf und entzog ihn ihren Blicken" (Apostelgeschichte 1,9). Was ist da passiert?

wb: Genau das, was da berichtet wird. Die sichtbaren Begegnungen des Auferstandenen mit den Jüngern haben damit ein Ende – es beginnt der „christliche Alltag", in welchem der erhöhte Christus sinnlich nicht mehr wahrnehmbar, aber doch real in seiner Kirche – besonders mittels der Sakramente – handelnd gegenwärtig ist.

il: Nun sitzt er „zur Rechten Gottes, des allmächtigen Vaters" und „von dort wird er kommen, zu richten die Lebenden und die Toten." Das bezieht sich doch offenbar auf das Jüngste Gericht, auf das endzeitliche Urteil, von dem dann auch in der Offenbarung des Johannes so viel die Rede ist. Diese Offenbarung heißt auch Apokalypse. Es fällt auf, dass unser säkulares Zeitalter zwar den Gottesglauben abgeschafft hat, dafür aber mit heißem Herzen an der Apokalypse hängt.

Doch wie dem auch sei: Was denkt die Katholische Kirche über das endgültige Gottesgericht am Ende aller Zeiten? Wird es da zugehen wie auf Michelangelos großem Fresko in der Sixtinischen Kapelle? Vor dem wohl nicht zufällig jedes Konklave, also die Wahl eines neuen Papstes, stattfindet.

wb: In Wahrheit geht es hier, wenn von Apokalypse die Rede ist, nicht um Katastrophenszenarien, sondern um den endgültigen Sieg Christi über die Mächte des Irrtums und des Bösen – freilich durch den Untergang des bisherigen, vorläufigen Kosmos hindurch.

Im Übrigen hat es keinen Sinn, hier die Fantasie spielen zu lassen – was da geschehen wird, sprengt offenkundig menschliche Vorstellungen. Auch jene eines Michelangelo.

DREI IST UNGLEICH EINS

il: Besten Dank für die Belehrung. Sie sprechen vom endgültigen Sieg Christi. Das heißt: vom Sieg des Göttlichen, ergo des Guten. Das Göttliche ist im Christentum die Trinität; also Gott: Vater, Sohn und Heiliger Geist, und für den Ungläubigen ist das in aller Regel unverständlich.

wb: Zuallererst ist erneut zu bemerken, dass alle Begriffe, die aus unserer menschlichen Welt genommen sind, auf Gott nur in einem annähernden, ungefähren, wir sagen analogen Sinne, angewandt werden können. Das bezieht sich sowohl auf „Vater", „Sohn" und „Geist" als auch auf „Eins" und „Drei". Was wir über das Zentralmysterium des christlichen Glaubens wissen, beziehen wir ausschließlich aus den Aussagen des Neuen Testaments, in denen vom Vater, vom Sohn und vom Geist die Rede ist, und zwar so, dass allen drei Personen die gleiche Göttlichkeit zugeschrieben wird, wobei zugleich an der Einheit Gottes festgehalten wird.

Beim Versuch einer Aufschlüsselung mit Hilfe menschlicher Logik scheitert der endliche Geist des Menschen am unendlichen Gott. Dennoch gibt es Versuche, zu veranschaulichen, was gemeint sein könnte. Und einer davon scheint mir am wenigsten ungeeignet, nämlich der Vergleich mit den Aggregatszuständen. Ob Sie Eis, Wasser oder Dampf haben, alle drei Male handelt es sich um H_2O.

il: Sie meinen, wir haben drei Aggregatszustände von ein und derselben Stofflichkeit. Ein Wesen wäre dann gleich H_2O und die drei Personen wären Wasser, Dampf und Eis.

wb: Ein anderer Vergleich könnte ebenfalls erhellend sein: Auch in einem Akkord werden drei einzelne Töne als ein einziger Klang vernommen.

il: Auch ein schönes Bild. Doch Sie haben eben das Wort „Zentralmysterium" verwendet. Wieso ist die Trinität ein Zentralmysterium?

wb: Weil ohne diese Trinität die ganze Heilsgeschichte mit ihren Höhepunkten „Menschwerdung", „Auferstehung" und „Geistsendung" – also: Weihnachten, Ostern und Pfingsten – nicht erklärbar ist. Außerdem ist das der entscheidende Unterschied zu allen übrigen Religionen, einschließlich Islam und Judentum. Das Judentum kennt nur Gott Vater. Obwohl im Alten Testament genug Anspielungen auf einen trinitarischen Gottesbegriff zu finden sind.

il: Das sagen die Christen, weil sie das Alte Testament mit der christlichen Optik lesen. Rabbiner sehen das ganz anders. Der Islam wirft den Christen sogar vor, mit der Trinität die Vielgötterei wiedereingeführt zu haben. Für den gläubigen Muslim sind wir Polytheisten. Wie kommt es zu diesen Vorwürfen? Haben die Kirchenväter den Juden und Muslimen die Trinität nicht gut genug erklärt? Oder ist sie so schwer zu verstehen?

wb: Verzeihung, ich habe doch deutlich gesagt, dass es sich hier um Mysterien handelt – also um Wahrheiten bzw. Tatsachen, die per definitionem dem menschlichen Verstand unzugänglich und nur auf Grund göttlicher Offenbarung erkennbar sind. Wenn Sie hier also weiter insistieren, begehen Sie den gleichen Fehler wie Ihre speziellen Freunde, die sogenannten Aufgeklärten! Man muss in diesen Dingen die Grenzen menschlichen Verstehens anerkennen und hinnehmen.

il: Trotzdem: Ich insistiere ja nicht aus Jux und Dollerei. Es ist nun einmal rätselhaft, weshalb die Juden nicht in Vollzahl Christen geworden sind und so etwas wie die Weltreligion Islam nach 600 Jahren Christentum überhaupt entstehen konnte. Auch möchte ich darauf hinweisen, dass es auch unter den Kirchenvätern der ersten Jahrhunderte große Auseinandersetzungen wegen der Trinität gegeben hat. Das war offenbar keine leicht verständliche Angelegenheit.

wb: Natürlich: Die ersten großen vier Konzilien waren ausschließlich der trinitarischen Problematik gewidmet. Vor allem der Inkarnation.

il: Was ist damit gemeint?

wb: Die Menschwerdung der zweiten göttlichen Person, die Menschwerdung des Logos in Jesus von Nazaret.

il: Wahrer Mensch und wahrer Gott – das ist in gewisser Weise ja eine Weltformel! Über die hat es einen großen Streit gegeben. Das weist doch eindeutig darauf hin, dass es eine Sache ist, über die sich das Streiten auch gelohnt hat und die nicht sehr leicht zu verstehen ist.

wb: In der Tat. Darum spreche ich von Mysterium.

il: Also von einer von Menschen nicht zu entschlüsselnden übernatürlichen Wahrheit. Ich glaube, auf diesen Punkt sollte man kirchlicherseits mehr Aufmerksamkeit verwenden, obwohl es kompliziert ist. Die Menschen sind bekanntlich durchaus bereit, sich über lange Zeit hin mit dem komplizierten Buddhismus auseinanderzusetzen. Warum nicht auch mit der Trinität oder überhaupt mit den schwierigen Seiten des Christentums? Ich habe sogar den Eindruck, dass der Buddhismus seine Anziehungskraft gerade dem schwierigen Zugang zu seinen Lehren verdankt. Denn schwierig heißt oft auch geheimnisvoll. Und das Geheimnisvolle zieht gerade säkulare Menschen außerordentlich an.

wb: Möglicherweise kommt das daher, dass auch der von Ihnen so genannte säkulare Mensch eine Ahnung von einer Wirklichkeit hat, die seinen Horizont übersteigt, die größer ist als er selbst. Da ist es nun das Fremde, das Exotische, Fernöstliche, das verheißungsvoll erscheint und eine unbestimmte emotionale Anziehungskraft ausübt.

Ganz anders die Mysterien des christlichen Glaubens, die den Geist, den Verstand des Menschen in Anspruch nehmen – auch wenn sie ihn übersteigen. Und außerdem: Ihre gläubige Bejahung hat existentielle, sittliche Konsequenzen, denen sich gar mancher entzieht.

Aber eine aufrichtige Wahrheitssuche sieht hierin kein Hindernis. Das gilt auch für das Geheimnis des einen Gottes in drei Personen. Doch darüber wäre dann im Katechismus der Katholischen Kirche mehr zu erfahren.

il: Ich weiß aus Erfahrung, dass Atheisten zwar gerne Voltaire, Freud und Russell lesen, aber nur höchst ungern in den Katechismus hineinschauen.

wb: Wo kein Wille ist, ist nun einmal auch kein Weg. Zwingen wollen wir bekanntlich niemanden.

il: Trotzdem: Wir könnten wenigstens auf Augustinus hinweisen.

wb: Sie meinen, weil Augustinus eine Analogie zur göttlichen Trinität in der menschlichen Person erkennt? Nämlich in der Trias memoria (Gedächtnis), intellectus (Verstand) und voluntas (Wille): drei Kräfte, drei Vermögen, die doch eine Person ausmachen? Ein weiterer Verstehensversuch!

ÄRGERNIS KIRCHE

il: Es hat 500 Jahre gedauert, bis die Kirche ein annäherndes Verständnis dafür entwickelt hatte, was die Trinität eigentlich ist. Noch einmal sei es gesagt: Leicht war es also offenbar wirklich nicht. Damit sind wir doch eigentlich schon bei einem zentralen Punkt, was das Selbstverständnis der katholischen Kirche angeht: nämlich, dass nicht alles schon ausnahmslos schwarz auf weiß in der Bibel steht, sondern dass der Heilige Geist nach der Himmelfahrt Christi fortwirkt und der Kirche, die ja der mystische Leib Christi ist, nach und nach den göttlichen Heilsplan immer deutlicher aufschlüsselt.

wb: Die eigentliche Offenbarung ist mit dem Tod des letzten Apostels abgeschlossen. Das festzuhalten, ist ganz wichtig. Was dann kommt, ist ein Einführen in die volle Wahrheit des ein für allemal Geoffenbarten, so wie es im Johannesevangelium versprochen wird: „Der Beistand aber, der Heilige Geist, den der Vater in meinem Namen senden wird, der wird euch alles lehren und euch an alles erinnern, was ich euch gesagt habe" (14,26). Es ist die sogenannte kirchliche Überlieferung, welche die Bibel interpretiert.

il: Das ist der zentrale Unterschied zum Protestantismus. Also einer der wesentlichen Streitpunkte.

wb: In der Tat haben selbst gläubige, z. B. evangelikale Protestanten große Schwierigkeiten mit „Kirche" als einem konkreten, historisch präsenten Organ zur Weiterführung des Werkes Jesu Christi.

il: Dieses „konkrete, historisch präsente Organ" ist gemeint, wenn es im Glaubensbekenntnis heißt: „Ich glaube an die heilige katholische und apostolische Kirche." Wieso „heilig"?

wb: Tja, heilig wird die Kirche nicht deswegen genannt, weil alle ihre Glieder im sittlichen, moralischen Sinne heilig sind, sondern weil dieser Kirche von Gott alles übertragen, anvertraut worden ist, was zur Heiligung des Menschen und der Welt dient.

il: Heilig, das bezieht sich also nicht auf die moralische Qualität der einzelnen Glieder der Kirche. Genau da liegt bei vielen ein zentrales Missverständnis vor. Karlheinz Deschner und die Leser seiner „Kriminalgeschichte des Christentums" wiederholen unablässig: Die nennen sich heilige katholische Kirche und sind doch ein Haufen von Sündern!

wb: Ja, das mit den Sündern bestreitet auch niemand. Aber – diejenigen, die der Kirche das vorwerfen, sind sie es weniger?

il: Das werden sie vielleicht auch gar nicht abstreiten. Aber sie behaupten ja auch nicht, heilig zu sein. Doch von der so oft gescholtenen, oft geschmähten Kirche erwartet man im gottlosen Lager Reinheit und Sündenlosigkeit. Das ist doch eigentlich bemerkenswert. Wie dem auch sei. So kommt man dann zu dem Urteil, die Kirche sei ein Verein von Heuchlern.

wb: Die Kirche ist kein heuchlerischer Verein. Aus dem einfachen Grund, weil die Kirche von sich selbst immer anerkannt hat, dass sie aus Sündern besteht.

il: Und diese Sünder haben dann auf dem Gewissen, was die Kirchenkritiker stets der Kirche als Ganzes anlasten. Also: Billigung der Sklaverei, Zwangsbekehrungen zum Christentum, Kreuzzüge, Inquisition, Hexenverfolgung, Diskriminierung und Unterdrückung der Frauen, aber auch Knebelung der Freiheit des Denkens und der Forschung sowie willfährige Kooperation mit dem Nationalsozialismus. Die Liste ist lang – und bestimmt habe ich jetzt noch etwas ausgelassen.

wb: Recht so, Verehrtester! Je weniger man weiß, desto leichter bricht man den Stab – besonders über jene, die sich nicht mehr verteidigen können! Also Vorsicht, bitte, bei der Auflistung von Sündenregistern! Dennoch: Vor jeder heiligen Messe, die in der katholischen Kirche auf der ganzen Welt gefeiert wird, wird ein Sündenbekenntnis abgelegt und um Vergebung gebeten. Es gibt ein eigenes Sakrament der Sündenvergebung, das Christus eingesetzt hat, und das hätte er nicht getan, wenn er damit gerechnet hätte, dass alle seine Gläubigen heilig sind, im ethischen Sinne.

il: Schön und gut. Aber wenn das seit Christus klar war, wofür hat sich die Kirche denn im Heiligen Jahr 2000 entschuldigt? Musste sie das überhaupt tun? Ist da nicht der Eindruck entstanden, als sei die Kirche als Ganzes sündig? Was macht denn diesen Unterschied aus? Wie kann man die Kirche von ihren Mitgliedern unterscheiden?

wb: Das Ganze ist mehr als die Summe seiner Teile.

il: Ist das ein sophistisches Kaninchen, das Sie jetzt aus dem Zylinder holen?

wb: Nein, das ist Aristoteles.

il: Und was wollen Sie damit beweisen?

wb: Dass, ganz einfach, durch das Gliedsein am Leibe der Kirche die Person und die persönliche Verantwortung des Einzelnen nicht aufgehoben wird. Jeder steht für sich selbst in der Verantwortung für sein Tun und Lassen.

il: Nun haben Sie aber immer noch nichts zum Bußakt Papst Johannes Pauls II. am 12. März 2000 im Petersdom gesagt.

wb: Wie Johannes Paul II. diesen Bußakt verstanden wissen will, hat er verschiedentlich selbst gesagt. Aus einer systematischen Analyse all dieser Äußerungen ergibt sich, welche Haltung gegenüber Schuld und Sünde in der Vergangenheit der Kirche er einnimmt und von der Kirche nachvollzogen wissen will. Um es erneut zu sagen: Nicht die Kirche hat gesündigt, sondern „einige unserer Brüder", und Haltungen des Misstrauens und der Feindseligkeit gegenüber Angehörigen anderer Religionen wurden von Gliedern der Kirche „manchmal" eingenommen.

il: Damit wird deutlich zwischen der Kirche als der makellosen Braut Christi und ihren durchaus immer wieder sündigenden Gliedern unterschieden.

wb: Richtig. Und eine Unterscheidung zwischen der Kirche und den Gliedern der Kirche ist notwendig, da die Zugehörigkeit des Einzelnen zur Kirche dessen Personsein und damit seine individuelle Verantwortlichkeit für sein sittlich relevantes Handeln keineswegs aufhebt. Ein kollektivistischer Kirchenbegriff, der eine Verantwortlichkeit des Ganzen für das Handeln des einzelnen Kirchengliedes bzw. ein Aufgehen des Einzelnen im Ganzen statuieren würde, widerspricht sowohl dem Wesen der menschlichen Person als auch dem der Kirche.

il: Sie haben die Aussagen des Papstes zur Sache selbst erwähnt. Mich haben besonders seine Worte in Israel am Yad Vashem-Monument am 23. März 2000 berührt: „Als Bischof von Rom und Nachfolger des Apostels Petrus versichere ich dem jüdischen Volk, dass die katholische Kirche – vom Gebot des Evangeliums zur Wahrheit und Liebe und nicht von politischen Überlegungen motiviert – zutiefst betrübt ist über den Hass, die Taten der Verfolgungen und antisemitischen Ausschreitungen von Christen gegen Juden, zu welcher Zeit und an welchem Ort auch immer."

wb: Dass all dies nicht der Kirche, dem Christentum, zur Last zu legen ist, hatte Johannes Paul II. zuvor betont, als er in Bezug auf den Holocaust die Frage gestellt hatte: „Wie konnte der Mensch eine solche Verachtung des Menschen entwickeln?" Und seine Antwort war: „Weil der Mensch den Punkt der Gottesverachtung erreicht hatte. Nur eine gottlose Ideologie konnte die Ausrottung eines ganzen Volkes planen und ausführen."

il: Der gesamte Bußakt stand unter der Maxime „Reinigung des Gedächtnisses". Ich habe ihn seinerzeit im Fernsehen verfolgt, und die Dramatik des Geschehens hat mich sehr beeindruckt. Doch kann da beim intensiven Akt der Reinigung nicht unter Umständen ein Geschichtsbild entstehen, das die für jeden Katholiken ja wesentliche Identifikation mit der eigenen Kirche belastet? Kann Reinigung nicht sogar zur Distanzierung von der Kirche führen, möglicherweise sogar zur Selbstverachtung?

wb: Was sich aus Ihren Überlegungen klar ergibt, ist die Notwendigkeit einer vorgängigen Versöhnung mit der eigenen Geschichte, ehe es zur Versöhnung mit anderen Personen oder Gemeinschaften kommen kann. In jedem Fall wird der Weg über die manchmal auch Mut erfordernde Anerkennung der Realität des Bösen in der eigenen Vergangenheit führen müssen und damit zur Bitte um Vergebung durch Gott. Wenn dergestalt die eigene wie die fremde Vergangenheit dem Urteil und der Barmherzigkeit Gottes überantwortet werden, eröffnet sich die Möglichkeit, sich dieser Vergangenheit vorurteilslos zu stellen und sie mit innerer Gelassenheit anzunehmen.

il: Über die Heiligkeit der Kirche haben wir jetzt viel gesagt. Sie nennt sich aber auch die „apostolische" Kirche, was ist damit gemeint?

wb: „Apostolisch" bedeutet, dass die Kirche, wie der Apostel Paulus sagt, auf dem Fundamente der Apostel errichtet ist, d. h., die Apostel sind die Urzeugen des Lebens, des Sterbens und der Auferstehung Christi und ihnen ist die Vollmacht gegeben, das Offenbarungs- und Erlösungswerk Christi fortzusetzen. Der inhaltliche und institutionelle Zusammenhang mit den Aposteln begründet die Identität der Kirche. Deswegen sprechen wir ja auch von der apostolischen Nachfolge, von der apostolischen Sukzession.

il: Und mit dieser apostolischen Sukzession ist gemeint?

wb: Dass die von Christus den Aposteln übertragenen Vollmachten und Aufträge von den Aposteln weitergegeben worden sind via Handauflegung. Jesus hat gesagt: „Wie mich der Vater gesandt hat, so sende ich euch, empfangt den Heiligen Geist" usw. und dementsprechend legt dann Paulus dem Titus und dem Timotheus usw. die Hände auf. Auf diese Weise wurde apostolische Sukzession begründet, die ungebrochen bis auf den heutigen Tag wirksam ist.

il: Trotzdem: Das Wort „Kirche" allein genügt, um Missvergnügen zu erzeugen. Es gibt nicht wenige, die das Wort „Kirche" nicht recht hören können.

wb: Keine Frage, „Kirche" ist ein Reizwort. Schon Goethe hatte reichlich Spott, ja Hass für „die

Kirche" – damit meinte er den Protestantismus ebenso wie die katholische Kirche. „Es ist gar viel Dummes in den Satzungen der Kirche", schreibt der Dichterfürst und fährt so fort: „Aber sie will herrschen, und da muss sie eine borniente Masse haben, die sich duckt und geneigt ist, sich beherrschen zu lassen. Die hohe, reich dotierte Geistlichkeit fürchtet nichts mehr als die Aufklärung der unteren Massen …" So also Goethe. Aber dieser Ton geht so weiter über Karl Marx, Bertolt Brecht, Kurt Deschner usw.

il: Merkwürdig: Keinem dieser erlauchten Geister hat diese Kirche je ein Leides getan, Dennoch dieser geballte Hass! Dafür muss es doch Gründe geben, denkt mancher.

wb: Mir scheint, da muss man wohl die Psychologie bemühen! Jedenfalls steht diese Kirche – wir sprechen hier nur von der katholischen Kirche – seit zwei Jahrtausenden wie ein erratischer Block in der Landschaft der Geschichte – und seither reibt sich die Welt an ihr. Dessen ungeachtet breitet sie sich – sehen wir hier einmal vom heutigen Europa ab – beständig aus und zeigt eine erstaunliche Vitalität.

il: Was also steht hinter diesem Phänomen Kirche?

wb: Gott. Eine andere Erklärung für die Lebenskraft dieser immer wieder Totgesagten kann ich nicht erkennen. Gott Vater, Sohn und Heiliger Geist, nicht wahr?

„WHEN THE SAINTS …"

il: Das ist doch ein guter Übergang zur Gemeinschaft der Heiligen. Warum muss ich an die Gemeinschaft der Heiligen glauben? Warum reicht ein Erinnern nicht?

wb: Was heißt Gemeinschaft der Heiligen? „Communio sanctorum"? Das kann von „sanctus" oder von „sancta" kommen. Beide Male lautet der Genitiv identisch: „sanctorum". Es heißt also, es geht um die Gemeinschaft, die gemeinsame Teilhabe an den Heilsgütern; an Wahrheit und Gnade.

il: Also sind nicht die Heiligen gemeint?

wb: Die sind auch mitgemeint. Das sind ja alle die, die an diesem Heilsgut, diesen „sancta", teilhaben, die sind selber wieder „sancti". Auch der Apostel Paulus bezeichnet die Christen in den verschiedenen Gemeinden als Heilige. Weil sie Anteil an diesem Heiligen, an diesem Heil haben. Alle, die daran teilhaben, sind die Kirche, und diese Gemeinschaft der an den Heilsgütern Teilhabenden, die umfasst die „ecclesia militans" auf Erden, die „ecclesia patiens" im Reinigungszustand und die „ecclesia triumphans" im Himmel – die streitende, die leidende und die triumphierende Kirche.

il: Wir sind die „ecclesia militans"?

wb: Ja.

il: Das hat aber nichts mit militant zu tun?

wb: Aber natürlich. Sehr viel sogar!

il: In welcher Weise?

wb: Kriegsdienst leisten für Christus ist eine Definition für Christenleben.

il: Kriegsdienst leisten für Christus?

wb: Ja. Kämpft gegen die Mächte des Bösen in der Luft usw., zieht an die Waffenrüstung Gottes, alles Paulus.

il: Alles Paulus – in der Tat; und zwar in seinem Brief an die Epheser: „Gürtet euch mit Wahrheit, zieht als Panzer die Gerechtigkeit an und als Schuhe die Bereitschaft, für das Evangelium vom Frieden zu kämpfen. Vor allem greift zum Schild des Glaubens! Mit ihm könnt ihr alle feurigen Geschosse des Bösen auslöschen!" (6,14–16). Genau das haben viele Heilige auf ihre Weise getan.

wb: Ja – und die Heiligen, das sind jene – nochmals sei's gesagt –, die Anteil an den Heilsgütern Jesu Christi haben. Und damit ist eigentlich auch schon, zumindest im Ansatz, diese rein moralische Engführung des Begriffes heilig abgewehrt.

il: Katholiken beten bekanntlich auch zu den Heiligen. Wir beten sie nicht an. Damit da kein Irrtum aufkommt. Sondern wir rufen sie beispielsweise in der großen Allerheiligenlitanei an und bitten um ihre Fürbitte bei Gott.

wb: Es gibt tatsächlich die Vergangenheit, Gegenwart und Zukunft umgreifende Gemeinschaft der Erlösten.

il: Unter Papst Johannes Paul II, hat es sehr viele Heilige gegeben. Manche sprachen ja auch von einer Heiligenschwemme. Ich sehe Ihnen an, dass es auch Ihnen ein bisschen zu viel war.

wb: Ich widerspreche nicht.

il: Ich bin in dieser Causa, ich gestehe es frank und frei, eindeutig auf der Seite des polnischen Papstes, der nämlich gesagt hat: Wenn Gott uns so viele Heilige gibt, dann braucht die heutige Welt offenbar auch so viele. Mir leuchtet das jedenfalls von Herzen ein.

wb: (schweigt)

SCHRECKGESPENST HÖLLE

il: Ja, gut. Kein Kommentar von Ihrer Seite. Das möchte ich hier mal zu Protokoll geben. Doch wie ist es aber nun mit den Menschen, die außerhalb der katholischen Kirche stehen, den Atheisten, denen, die anderen Religionsgemeinschaften angehören, wie steht es um die Ungetauften? Ist das ein schwieriges Kapitel?

wb: Nein, das ist eigentlich kein schwieriges Kapitel. Man kann natürlich dann Theorien dran knüpfen, wie z. B. Karl Rahner das gemacht hat, der von „anonymen Christen" sprach. Er meinte

Leute, die Christen sind, obwohl sie es gar nicht wissen. Das ist natürlich Unfug. Wir müssen Gott die Freiheit lassen, wie er den einzelnen Menschen führt.

il: Es bleibt also die Frage, wie es um die Chancen eines „Ungläubigen" (gibt es das überhaupt?) steht, am Ende seines Lebens nicht in die Katastrophe schlechthin abzustürzen, sondern das ewige Leben zu erlangen?

wb: Bedenken Sie eines: Gott ist unbegreiflich groß – und: „Gott ist die Liebe" (1. Johannesbrief 4,16). Ob der Einzelne bei ihm ankommt – das ist das Ergebnis eines dem menschlichen Intellekt nicht zugänglichen Zusammenspiels von menschlicher Freiheit und göttlicher Führung. Der Unsicherheitsfaktor dabei ist nicht ein unberechenbarer Gott, sondern der Mensch, von dem es abhängt, ob er die ihm immer gebotene Chance ergreift, oder nicht. Der Rest ist Geheimnis. Lassen wir das so stehen.

il: Man muss nicht alles wissen, sagen Sie, schlicht und lakonisch. Aber kann man sagen, wenn man getauft und Teil der katholischen Kirche ist, befindet man sich auf einer relativ sicheren Plattform?

wb: Damit befindet man sich in der Arche, die vor der Sintflut rettet.

il: Und wenn man außerhalb der Arche ist? Kann man vielleicht noch hoffen, dass irgendwo ein Rettungsboot auftaucht oder dass man von der Arche ein Seil geworfen bekommt?

wb: Ja, oder dass der liebe Gott einen Rettungsring wirft! Dazu nur eine Anekdote: Einer Frau, die über den Selbstmord ihres Mannes untröstlich war, antwortete Jean-Marie Vianney, der „heilige Pfarrer von Ars": Noch bei seinem Sprung von der Brücke konnte er Reue empfunden, konnte die Barmherzigkeit Gottes ihn erreicht haben!

il: Warum steht die Vergebung der Sünden im Credo?

wb: Weil es eine und zwar sehr tröstliche Glaubenswahrheit ist. Das Credo ist das ursprüngliche Tauf-Glaubensbekenntnis der römischen Kirche. Das haben die Taufbewerber bekannt als ihren Glauben, ehe sie getauft und damit von ihren Sünden befreit worden sind.

il: Ich finde das sehr bedeutsam, weil da zwei ganz wichtige Worte auftauchen: Vergebung und Sünde.

Damit kommen wir noch mal auf den Ausgangs-
punkt unseres ganzen Gesprächs zurück, nämlich
auf jene Atheisten, die empört darüber sind, dass
die katholische Kirche auch nach 2000 Jahren die
Sünde immer noch nicht auf dem Müllhaufen der
Geschichte entsorgt hat. Wir kennen diese Meinung auch aus gewissen innerkirchlichen Kreisen.
Ich meine jene, wo man davon spricht, dass die
Kirche dem Menschen mit dem Begriff „Sünde"
Angst mache, dass sie aber keine Drohbotschaft,
sondern eine Frohbotschaft zu verkünden habe.
Will die Kirche den Menschen die Freude am Le-
ben nehmen? Ist sie eine moralische Anstalt?

wb: Schiller meinte, das Theater sei eine moralische Anstalt! Nicht aber die Kirche. Die Kirche
hat, ebenso wie die übrigen Glaubenswahrheiten,
auch die Wahrheit zu verkünden, dass es eine Sünde gibt und dass es eine Vergebung der Sünden
gibt. Und dass die Sünde die Konsequenz hat, dass
sich zwischen Gott und Mensch ein Kurzschluss
ereignet, d. h. ein Bruch.

il: Unlängst habe ich Folgendes erlebt: In einer
Diskussion wurde ein aus der Kirche Ausgetre-
tener beim Stichwort Sünde sehr emotional. Er
erzählte mit Empörung von seinem katholischen
Vater, dem ein Priester mit Sünde und Hölle so

viel Angst gemacht habe, dass er jahrelang in psychoanalytische Behandlung musste. Wie in solchem Zusammenhang üblich, wurde ich nun scharf kritisiert, weil ich diesem üblen Verein „katholische Kirche" angehöre.

wb: Und wie haben Sie reagiert?

il: Nun: Ich habe gesagt, mit der Hölle sei es wie mit der Schwerkraft. Sie ist ein Faktum, das nicht dadurch verschwinde, dass man es leugnet. Und, dass es die Pflicht der Kirche sei, so viel Seelen wie möglich zu retten.

wb: Und wie war die Reaktion?

il: Der Mann war sprachlos. Das ist in solchen Streitgesprächen eher selten. Und nun möchte ich dazu einfach einmal den Katechismus der Katholischen Kirche zitieren: „Die Lehre der Kirche sagt, dass eine Hölle gibt und dass sie ewig dauert. Die Seelen derer, die im Stande der Todsünde sterben, kommen sogleich nach dem Tod in die Unterwelt, wo sie die Qualen der Hölle erleiden. Die schlimmste Pein der Hölle besteht in der ewigen Trennung von Gott, in dem allein der Mensch das Leben und das Glück finden kann, wofür er erschaffen worden ist und wonach er sich sehnt.

Die Aussagen der Heiligen Schrift und die Lehren der Kirche über die Hölle sind eine Mahnung an den Menschen, seine Freiheit im Blick auf sein ewiges Schicksal verantwortungsvoll zu gebrauchen. Sie sind zugleich ein eindringlicher Aufruf zur Bekehrung."

Wenn ich aber den Menschen nichts von der Hölle erzähle, wenn ich mich über die Möglichkeit der ewigen Verdammnis ausschweige, dann ist das in hohem Maße unredlich. Oder wenn ein Pfarrer in Berlin, wie ich es selbst erlebt habe, bei der Taufe die Absage an den Satan bewusst weglässt, dann verschließt er die Augen vor einer Tatsache.

wb: Es besteht durchaus für den Menschen ohne Gott die Möglichkeit einer endgültigen Katastrophe.

il: Dennoch wird in Predigten kaum von Himmel und Hölle und vom ewigen Leben und von der ewigen Verdammnis gesprochen.

wb: Nun, das ist noch viel folgenreicher, als wenn Ärzte nur von Wellness sprechen würden anstatt von Gefahren für Gesundheit und Leben.

il: Aber was ist Sünde denn überhaupt? Wie definiert die Kirche Sünde? Und dann sind wir bei der berühmten Frage: Wie kommt die Sünde in die Welt? Und Frage Nummer vier: Wieso gibt es eine Erbsünde? Wieso müssen wir darunter leiden, dass Adam und Eva gesündigt haben? Und wieso soll sich das auswirken auf uns heute?

DIE UNBEQUEME ERBSÜNDE

wb: Sie fragen zu viel auf einmal – und Sie vergessen, dass die Kirche nicht nur von Sünde spricht, sondern auch von Vergebung der Sünde. Es ist geradezu ein Wesenselement ihres Daseinszweckes! Jesus hat ihr den ausdrücklichen Auftrag gegeben, Sünden zu vergeben. Zunächst: Sünde ist eine bewusste Übertretung der von Gott gegebenen Gebote. Aber das genügt nicht: Sünde ist auch ein Widerspruch des Menschen zu seinem eigentlichen Wesen mit selbstzerstörerischen Folgen.

Und was die Erbsünde angeht: Es gibt so etwas wie eine Solidargemeinschaft der Menschheit, aus der sich keiner ausklammern kann. Dass man auch ohne persönliche Schuld in Schulden geraten kann, ist bekannt. Ein Erbe übernimmt einen mit Hypotheken überlasteten Hof. Er hat selber keinen einzigen Cent ausgegeben, und doch erbt er die Schulden mit. Weil er hineingeboren ist in die Solidargemeinschaft Familie. Das gilt auch für die

Familie Menschheit. Die Menschheit ist nun einmal keine zufällige Anhäufung von untereinander
beziehungslosen Individuen! Deshalb erben wir
mit der menschlichen Natur auch die Sünde der
Stammeltern.

Im Übrigen ist die ganze Paradiesesgeschichte
ja die dramatische, vielleicht sogar poetische, li-
terarische Einkleidung einer theologischen Wirklichkeit. Nicht einer theologischen Idee, sondern
einer theologischen Wirklichkeit. Die besteht darin, dass offenbar der Mensch, kaum dass er sich
selber aus der Schöpferhand Gottes entgegenge-
nommen hatte, diese Abhängigkeit nicht wahrhaben, und sich aus dieser Abhängigkeit emanzipieren wollte. Darin besteht die Ursünde.

il: Dass er wie Gott sein wollte?

wb: Ja, autonom, emanzipiert.

il: Autonom. Hier haben wir das Zauberwort unserer Zeit schlechthin. Das ist das, was der moderne Mensch unbedingt will: Autonom sein. Er will
sein wie Gott. Doch was die Solidargemeinschaft
Menschheit betrifft: Die Parole der französischen
Revolution lautet: Freiheit, Gleichheit, Brüderlichkeit. Und verweist Brüderlichkeit nicht auch
darauf, dass es einen Gesamtkörper Menschheit

gibt? Damit verweist sogar noch die Französische Revolution auf etwas, was der christliche Glaube oder auch die Genesis im Prinzip schon von Anfang an erkannt hat. Nämlich, dass man sich nicht aus der Menschheit verabschieden kann, bloß weil man es möchte. Auch im: „Alle Menschen werden Brüder" im großen Schlusschor in Beethovens Neunter klingt das an.

wb: Wir sprechen doch auch von der Menschheitsfamilie!

il: Ich versuche jetzt einmal eine Interpretation dieses Geschehens im Paradies: Gott hat den Menschen, in dem Fall beide, Adam und Eva – „als Mann und Frau schuf er sie" – frei geschaffen, als sein Abbild. Gott ist frei. Der Mensch ist demnach auch frei.

wb: Ja, als sein Ebenbild, weil mit Verstand und freiem Willen begabt!

il: Im Paradies gab es aber eigentlich nicht so recht etwas, woran man diese Freiheit überprüfen konnte. Ich sag es einmal flapsig: Jeden Morgen Frühstück frei Haus, und für die anderen Mahlzeiten musste man sich auch nicht plagen. Alles Nötige war da. Es gab aber auch nichts, woran man sich wirklich als freier Mensch zeigen konnte. Denn wie zeigt sich die Freiheit des Menschen? Wenn man eine wirklich zentrale Entscheidung zu treffen hat.

Und diese zentrale Entscheidung hat ihm Gott in die Mitte des Gartens gesetzt, indem er dort einen Baum hineinstellt und sagt: Von dieser Frucht darfst du nicht essen. Nun sagt man, dass sich die Freiheit des Menschen daran gezeigt habe, dass er dem göttlichen Gebot widersprach. Doch Robert Spaemann sieht das anders. Spaemann sagt: Die Freiheit Adams ist die Freiheit, sich zu entscheiden.

Entweder ich handle nach Gottes Gebot oder ich handle nicht danach. In beiden Fällen hat er sich als freier Mensch gezeigt. Im positiven Fall wäre er ebenso frei geblieben. Nur mit dem feinen Unterschied, dass dann die gesamte Menschheitsgeschichte anders verlaufen wäre. Das ist übrigens ein zentraler Punkt – und natürlich auch ein faszinierender Gedanke. Aber Adam hat seine Freiheit schlecht genutzt. Er hat sich gegen Gottes Gebot entschieden und damit alles vermasselt, und wir haben heute noch darunter zu leiden. Ist das einigermaßen richtig dargestellt?

SÜNDE: EIN UNWORT DER AUFKLÄRUNG

wb: Ja. Aber wir kommen doch weit vom Thema weg.

il: Von welchem Thema?

wb: Kirche.

il: Aber das ist doch Kirche. So wirkt doch Kirche, in dieser Weise wirkt doch Kirche ständig in die öffentliche aktuelle Debatte hinein. Das sind die Dinge, um die es doch geht. Wieso Sünde? Wieso soll ich ein sündiger Mensch sein? Sünde, das ist doch altmodischer, reaktionärer Unsinn! Das lese ich überall. Ich will Spaß, und Geiz ist geil! So tönt es aus jeder Werbung.

Dagegen: Sünde! Was denkt Kirche sich denn da eigentlich aus? Was ist das nur für ein menschenfeindlicher Unsinn? Wer über Sünde spricht, macht die Menschen krank. So laufen die atheistischen, säkularen Diskussionen! Das kann man doch jeden Tag hören. Und nicht nur von überzeugten Atheisten, sondern auch von wohlmeinenden Liberalen. Menschen, die durchaus Werte haben, raten beim Stichwort Sünde oder gar Hölle eindringlich, alles nicht so eng zu sehen. Immer hübsch geschmeidig bleiben, das ist deren Losung.

Die Sünde ist zum Unwort der Moderne geworden. Aber nur die religiöse. Denn vor dem Kühlschrank oder im Straßenverkehr ist „Sünde" ja durchaus akzeptiert.

wb: Aber man muss doch jetzt, wenn es um Sünde geht, nicht nur vom Gebot sprechen.

il: Gut, bitte. Sprechen Sie von etwas anderem!

wb: Man muss zuerst davon sprechen, dass sittlich Handeln einfach seinsgemäß Handeln heißt. Und unsittlich bzw. sündig Handeln ist seinswidrig Handeln. Weil nämlich die erste sittliche Norm sich aus dem Wesen des Menschen selbst ergibt. Lüge ist deswegen Sünde, weil ich damit dem Wesen der Sprache zuwiderhandle. Der Sinn von Sprache ist, Gedachtes anderen mitzuteilen. Wenn ich nun nicht das Gedachte mitteile, sondern etwas anderes, nicht also meine wahren Gedanken, dann missbrauche ich die Sprache.

Oder, denken Sie an das Eigentum. Das Eigentum hat die Funktion, die materielle Lebensgrundlage einer Person zu sichern. Wenn ich die dem anderen raube, handle ich sinnwidrig. Oder ein „klassisches" Beispiel: Empfängnisverhütung. Die Sexualität des Menschen ist eindeutig auf Fortpflanzung hingerichtet. Ein – vom personalen Aspekt einmal abgesehen – schlichtes biologisches, physiologisches Faktum. Wenn ich diesen Sinn positiv vereitle, handle ich seinswidrig, sinnwidrig.

il: Der Widerstand der Kirche, der erhobene Finger der Kirche gerade in der Frage Empfängnisverhütung, ist dann, wenn ich das mit der Seinswidrigkeit richtig verstanden habe, kein moralischer Zeigefinger, sondern ein Zeigefinger, der darauf verweist, dass der Mensch an dieser Stelle im Widerspruch zu seinem eigenen Wesen handelt?

wb: Aber natürlich. Deswegen sind auch all diese Normen keine von der Kirche erfundenen Gesetze. Und deswegen sind sie auch nicht katholische Eigentümlichkeiten, sondern für alle Menschen, insofern sie Menschen sind, gültige Normen.

il: Wieso können Sünden vergeben werden?

wb: Indem ich durch die Sünde die Schöpfungsordnung störe, vergehe ich mich gegenüber dem Schöpfer, der diese Ordnung geschaffen hat. Die Folge ist ein Missverhältnis zwischen Schöpfer und Geschöpf. Das nennt man Schuld. Und die kann der Mensch mit seinen eigenen Kräften nicht beseitigen. Er ist, wenn dieses Verhältnis wieder hergestellt werden soll, auf die Großmut des Missachteten angewiesen, des Größeren. Ist das plausibel?

il: Für mich schon. Und wie kommt da jetzt der Priester, der die Beichte abnimmt und die Absolution ausspricht, ins Spiel? Warum kann der Priester das überhaupt?

wb: „Empfangt den Heiligen Geist; wem ihr die Sünden nachlassen werdet, dem sind sie nachgelassen" (Johannesevangelium 20,22f.), so hat Christus zu den Aposteln – und damit zu ihren Nachfolgern – gesagt. Das können sie und müssen sie also, wenn die Voraussetzungen gegeben sind.

il: Durch einen Menschen, nämlich durch Adam, kam die Sünde in die Welt und durch Einen wird sie wieder getilgt. Damit ist Jesus Christus gemeint. Was bedeutet dieser Vorgang des Sündentilgens?

wb: Wenn durch die Sünde das metaphysische Ordnungsgefüge zwischen Schöpfer und Geschöpf deswegen zerstört worden ist, weil das Geschöpf sich selber emanzipieren wollte, zu seinem eigenen Schaden, dann kann diese durch Emanzipation entstandene Störung nur dadurch aufgehoben werden, dass ein Geschöpf, das nicht nur Geschöpf ist, sondern der Schöpfer selbst, der menschgewordene Gottessohn, stellvertretend für die ganze Schöpfung sich „manzipiert" – also zum Sklaven macht – und den Sklaventod am Kreuz stirbt.

il: Manzipiert?

wb: Ja. „Mancipium" ist der Sklave und „Emanzipation" heißt, (sich) aus der Sklaverei befreien.

il: Sie wollen sagen, Jesus, also Gott, hat sich selbst zum Sklaven gemacht?

wb: Ja, und durch seine Selbsthingabe die Selbstbehauptung, die Auflehnung des Geschöpfes Mensch gegen seinen Schöpfer, innerlich überwunden. Das ist der Sinn des Kreuzesopfers.

il: Das heißt, es ist vom Menschen her völlig unmöglich gewesen, es von sich aus wieder in Ordnung zu bringen, nur Gott selbst konnte es tun?

wb: Ja, der Mensch hat eine Ordnung gestört, die er nicht selbst geschaffen hat, er kann sie auch nicht selbst wiederherstellen.

il: Diese Ordnung ist zu groß, zu kompliziert für ihn. Was bedeutet das denn jetzt für den heutigen Menschen?

wb: Der heutige Mensch muss lernen, die wesensgemäße Abhängigkeit von seinem Schöpfer anzuerkennen, seinen emanzipatorischen Krampf aufzugeben.

il: Neben „Autonom" ist tatsächlich auch das Wort „Emanzipation" so ein weiteres Zauberwort der Moderne. Ich würde mal sagen, eigentlich gar kein schlechtes Zauberwort. Zur Emanzipation aus der Knechtschaft, aus der wirklichen Sklaverei der Gottesferne oder der Gottlosigkeit, die sich gegen die göttliche Schöpfungsordnung wendet – da hilft die Kirche gerne. Da ist sie gewissermaßen in ihrem Element.

wb: Ja. Das ist ihr eigentlicher Beruf. Wenn diese Ursünde nicht geschehen wäre und ihre kosmischen Folgen nicht gezeitigt hätte, wäre „Kirche" eigentlich überflüssig gewesen.

DER KARPFENTEICH

il: Was der heutige moderne Mensch eigentlich will, ist doch dies: Er will durch Selbstverwirklichung zu sich selbst kommen. Aber dahin kommt er nicht, wenn er sich von Gott abwendet; er kommt dahin nur, wenn er sich Gott zuwendet, wenn er sich auf den Weg zu Gott begibt. Für den modernen Menschen heißt das: wie der verlorene Sohn zurück zum Vater. Also zu Gott. Erst dann verwirklicht er sich selbst, wenn er erkennt, was und wer er selber ist, wofür ihn Gott geschaffen hat.

wb: Das ist ja nun eine veritable Kapuzinerpredigt!

il: Ja, warum nicht? Die „Kirche" muss klarmachen, dass man sich nicht kasteit, dass es einem nicht schlechter geht, dass man keine Einbußen an seinem Menschsein erleidet, wenn man sich auf den Weg zu Gott macht, sondern dass man so zu seiner wahren Erfüllung kommt. So wie ein Fisch nur im Wasser leben kann und am Land immer nur verzweifelt nach Luft schnappt, bis er bald überhaupt keine Luft mehr bekommt und elendig zugrunde geht, so geht der Mensch zugrunde, wenn er sich nicht ins Element Gottes begibt. Vielleicht ist dieses Nach-Luft-Schnappen und Zappeln in einem ihm nicht gemäßen Element, doch recht eigentlich betrachtet, der Zustand des fatalerweise von Gott emanzipierten, sogenannten modernen Menschen.

wb: Der Karpfen schnappt nach Luft.

il: Der Karpfen schnappt nach Luft. Genau! Das ist tatsächlich der Zustand des heutigen autonomen und emanzipierten Menschen. Obwohl es die Aufklärung bis heute naturgemäß anders sieht. Für die atheistische Aufklärung geht es darum, von der katholischen Kirche loszukommen. Denn wir dürfen ja nicht vergessen: In der Sicht dieser Art von Aufklärung ist der Mensch in der Französischen Revolution neu geboren. Er hat den König enthauptet. Er hat das Königtum von Gottes Gnaden entsorgt. Damit hat er auch Gott enthauptet und ein für allemal erledigt.

Deshalb hat man 1789 ja auch sehr schnell mit dem Terror gegen die Kirche, gegen Klöster begonnen. 1789 ist der Mensch angeblich wirklich zu dem geworden, was er schon immer war: frei und unschuldig geboren. Was er aber durch den christlichen Nebel hindurch nicht erkennen konnte. Erbsünde? Die gibt es nicht. Das ist eine Erfindung des Papstes, der den Menschen geistig in Knechtschaft halten will. So die Ideologie der Französischen Revolution, und dieses garstige Lied wird bis heute gesungen.

wb: Davon kann aber doch keine Rede sein! Damit wiederholt man nur ein recht primitives Klischee!

il: Sie sprechen von primitiven Klischees. Nur, das werden die Priester, Bischöfe und Kardinäle auch schon während der Französischen Revolution gesagt haben. Ihnen hat man damals nicht zugehört. Die Tugend des Zuhörens ist bis heute in aufgeklärten Kreisen wenig verbreitet, zumindest was die Argumente der Kirche angeht. Aufklärer hören am liebsten sich selber zu. Ein Buch wie „Der Gotteswahn" ist ja über weite Strecken ein Gespräch mit den eigenen Vorurteilen. Und der Leitgedanke dort lautet: Wir müssen wieder zurückkommen zu den Werten der Französischen Revolution. Dann können wir der alten Kirche, die leider noch immer nicht auf der Müllhalde der Geschichte gelandet ist und ihr Haupt heute wieder so frech erhebt, die Luft abschnüren und spätestens in 50 Jahren ist sie dann weg.

wb: Ja, man hört geradezu Voltaires Écrasez l'infame aus diesen Tiraden. Am liebsten möchte man wohl wieder den Aufstand in der Vendée niederschlagen. Im Namen der Freiheit!

„Der Mensch ist frei!" Natürlich ist er frei geboren. Er unterliegt keiner irdischen Macht, zunächst einmal. Aber frei wovon? Frei von seiner erblichen, erbsündlichen Belastung ist er jedenfalls nicht. Aber das sind Tatsachen, die ich nur auf Grund der göttlichen Offenbarung erkenne.

Allerdings muss man auch eines sagen: Der tatsächliche Lauf der Geschichte lässt sich ohne den Faktor Erbsünde kaum erklären. Denn die unglaublichen, im Grunde genommen selbstzerstörerischen Exzesse, die die Menschheit zu jeder Zeit in vielen Formen begangen hat, lassen sich ohne eine tiefe Störung im Inneren des Menschen, im Denken und Wollen des Menschen, nicht erklären. Und jetzt kommen Sie mir bitte nicht mit Konrad Lorenz und seinen Graugänsen und seinem „sogenannten Bösen"!

TOD UND TEUFEL

il: Wieso sollte ich? Obwohl ich es als Junge immer hübsch fand, den alten Lorenz mit seinen Graugänsen im Teich herumschwimmen zu sehen. „Der Spiegel" hat ihn einmal den „Einstein der Tierseele" genannt. Das hat doch etwas Rührendes, und über Lorenz' Karriere als Rassenkundler in der NS-Zeit wollen wir hier auch nicht reden.

Nein: Ich komme mit etwas ganz anderem. Müssen wir hier nicht noch einmal über die Erbsünde sprechen? Und in diesem Kontext natürlich auch über den Widerstand Adams, des ersten Menschen, gegen Gott? Und über das Böse und was ist es und wie es in die Welt gekommen ist? Wer oder was ist der Satan?

wb: Das sind Wirklichkeiten und Vorgänge, die wir mit unserer bloßen Vernunft nicht erkennen können. Da bedarf es dann des „Elektronenmikroskops des Glaubens", um die subtile Wirklichkeit dessen zu verstehen, was man Teufel nennt. Der Ursprung des Bösen ist ein Mysterium – und ohne Begriffsklärungen geht es nicht!

il: Dann bitte erklären Sie die Begriffe! Was also ist Teufel, Satan?

wb: Gewiss nicht ein gehörntes Fabeltier mit Bocksfüßen! Wenn Bibel und Kirche von Satan, von Dämonen sprechen, dann sind damit rein geistige, „personale" Wesen gemeint, die von Gott als gut und heilig geschaffen wurden, sich jedoch in freier und unwiderruflicher Weise von ihrem Schöpfer „emanzipiert" haben. Treffend lässt Goethe Satan sagen: „Ich bin der Geist, der stets verneint, der stets das Böse will ..." Kurzum: eine rein geistige, in gewissem Sinne „personale", gott- und menschenfeindliche Macht.

il: Vielleicht sollten wir das Goethezitat aus „Faust" hier einmal ganz bringen. Interessant ist ja, wie sich Mephistopheles, also der Teufel oder Satan, dem Gelehrten Faust vorstellt. Auf die Frage: „Nun gut, wer bist du denn?", antwortet der:

„Ein Teil von jener Kraft, die stets das Böse will und stets das Gute schafft." Faust möchte das, wie wir auch, genauer hören und fragt: „Was ist mit diesem Rätselwort gemeint?"

Und jetzt erst antwortet Mephistopheles: „Ich bin der Geist, der stets verneint! Und das mit Recht; denn alles was entsteht ist wert, dass es zugrunde geht; Drum besser wär's, dass nichts entstünde. So ist denn alles, was ihr Sünde, Zerstörung, kurz das Böse nennt, mein eigentliches Element." Hübsch, finde ich – und treffend zugleich. Der Teufel weiß – bei Goethe –, dass alle seine Bemühungen schlussendlich unfruchtbar sein werden: er will das Böse, schafft aber stets das Gute. Doch nach diesem kurzen Ausflug in die deutsche Klassik: Was hat der Teufel mit der Erbsünde zu tun?

wb: Erinnern Sie sich an das schon Gesagte: Satan hat noch gleichsam im Morgengrauen der Menschheit – mit Erfolg – versucht, den gleichfalls mit Verstand und freiem Willen geschaffenen Menschen in seinen eigenen emanzipatorischen Aufstand gegen den Schöpfer mit hineinzuziehen. Das ist die eigentliche Aussage des biblischen Sündenfallberichts im Buch Genesis Kap. 3. Und nun „Erbsünde" – besser: „Erbschuld". Das erste Menschenpaar handelte gleichsam stellvertretend für die von ihm stammende Menschheit: Die von den Stammeltern zugezogene Schuld ging als Hypothek auf die Erben über.

il: Worin besteht denn diese „Hypothek"?

wb: In erster Linie in dem Verlust der ursprünglich vom Schöpfer dem Menschen geschenkten Heiligkeit, Unversehrtheit und Güte. Mit der Sünde kam der Tod in die Welt – ebenso Leid und Schmerz. Insbesondere aber hatte die Sünde eine tiefe Störung der seinsmäßigen Ordnung und Harmonie im Menschen selbst und in der gesamten Schöpfung zur Folge, Beeinträchtigung auch des Erkenntnisvermögens, Schwächung der Willenskraft, Hinneigung zum Bösen etc. Und diese Hypothek wird nun von Generation zu Generation vererbt. Die Befreiung von dieser Hypothek durch Kreuz und Auferstehung Jesu Christi nennen wir „Erlösung".

il: Wenn Gott allmächtig ist, dann hätte er das Böse gar nicht zulassen können. Das ist ein klassischer Einwand.

wb: Das ist ein ausgesprochen törichter Satz. Gott ist kein Mensch und unterliegt nicht menschlichen Maßstäben. Außerdem hat Gott den Menschen ja frei geschaffen, mit freiem Willen.

Gott würde sich selbst widersprechen, wenn er den Menschen die Freiheit nähme. Ergo: Der Mensch ist – so schon der Römer Appius – seines Glückes Schmied! Auch seines Unglücks, fügen wir hinzu.

il: Ich bleibe weiter dabei: der Ursprung des Bösen. Das ist eines der ganz großen Bilder, die in der Welt sind. Der Engelssturz Luzifers: aus dem Himmel in die Hölle. Und Luzifer ist doch schon im Paradies da. Er ist doch die Gestalt gewordene Schlange.

wb: Sie meinen, der biblische Autor stellt ihn als Schlange dar! Im Übrigen war davon aber schon die Rede. Nun wäre es natürlich notwendig, weiter zu fragen, welche Wirklichkeit hinter diesen Bildern „Engelsturz" und „Paradies" und „Schlange" steht. Hinter der Entscheidung unserer Stammeltern zum Ungehorsam steht eine verführerische, widergöttliche Stimme, die sie aus Neid in den Tod fallen lässt.

il: Sie meinen Genesis 3, die Verführung des Menschenpaares Adam und Eva: „Die Schlange war schlauer als alle Tiere des Feldes." Sie sagte: „Hat Gott wirklich gesagt, ihr dürft von keinem Baum des Gartens essen?"

wb: Ja. Die Schrift und die Überlieferung der Kirche erblicken in diesem Wesen einen gefallenen Engel, der Satan und Teufel genannt wird. Die Kirche lehrt, dass er zuerst ein von Gott geschaffener guter Engel war. Die Teufel und die anderen Dämonen wurden zwar von Gott ihrer Natur nach gut geschaffen, sie wurden aber selbst durch ihre Auflehnung gegen den Schöpfer böse.

il: Die Bibel spricht wirklich von einer Sünde der gefallenen Engel?

wb: Allerdings. „Gott hat auch die Engel, die gesündigt haben, nicht verschont, sondern sie in die finsteren Höhlen der Unterwelt verstoßen und hält sie dort eingeschlossen bis zum Gericht." Das schreibt Petrus in seinem zweiten Brief (2,4).

il: Doch worin besteht der Sündenfall der Engel?

wb: Er besteht in der freien Entscheidung dieser geschaffenen Geister, die Gott und sein Reich von Grund auf und unwiderruflich zurückwiesen. Wir vernehmen einen Widerhall dieser Rebellion in dem, was der Versucher zu unseren Stammeltern sagte: „Ihr werdet sein wie Gott." Der Teufel ist Sünder von Anfang an und der Vater der Lüge.

Jesus hat ihn sogar den „Mörder von Anfang an" genannt.

il: Der Teufel hat sich bekanntlich ebenso heftig wie erfolglos damit abgemüht, Jesus von seiner göttlichen Mission abzubringen. Ich erinnere an die Versuchungen des Satans in der Wüste: „Er zeigte ihm alle Reiche der Welt mit ihrer Pracht und sagte zu ihm: Das alles will ich dir geben, wenn du dich vor mir niederwirfst und mich anbetest. Da sagte Jesus zu ihm: Weg mit dir, Satan!" Das ist aus dem Matthäusevangelium (4,8–10).

wb: Und bei Johannes heißt es: „Der Sohn Gottes ist erschienen, um die Werke des Teufels zu zerstören" (1. Johannesbrief 3,8). Das Verhängnisvollste dieser Werke war die lügnerische Verführung Adams und Evas, die den Menschen dazu gebracht hat, sich gegen Gott aufzulehnen.

il: Satan ist ein Geistwesen. Ist seine Macht unendlich?

wb: Nein. Er ist bloß ein Geschöpf. Zwar mächtig, weil reiner Geist, aber doch nur ein Geschöpf. Er kann den Aufbau des Reiches Gottes nicht verhindern. Sein Tun bringt dennoch schlimme geistige und mittelbar selbst physische Schäden über jeden Menschen und die Gesellschaft.

il: Und doch wird das ganze Teufelswerk durch die göttliche Vorsehung zugelassen! Das ist doch eigentlich schrecklich.

wb: Wiederum ist der Begriff „Freiheit" der Schlüssel zum Verständnis. In noch höherem Grade als der Mensch ist der Engel Ebenbild Gottes, d. h. mit durchdringender Erkenntnis und mit Freiheit begabt. Gott will diese Freiheit und annulliert sie auch dann nicht, wenn sein Geschöpf sich in einem Exzess der Selbstbehauptung gegen seinen Schöpfer wendet. Der absoluten Souveränität Gottes kann das keinen Abbruch tun. Bei allen Erörterungen dieser Art – noch einmal sei's gesagt – sollte man nicht vergessen, dass Gott immer größer ist als unsere Gedanken und Begriffe. Er wird immer unbegreiflich bleiben. Dennoch gilt, was der Apostel Paulus schreibt: „Wir wissen, dass denen, die Gott lieben, alles zum Besten gereicht" (Römerbrief 8,28).

il: Ein schöner Trost. Das meine ich wirklich nicht ironisch. Aber ob der Mensch damit immer etwas anfangen kann? Wie dem auch sei: Wieder sind wir bei einem göttlichen Geheimnis angelangt.

Wir haben ja auch bereits darüber gesprochen, dass menschliche Logik die Trinität, die Sakramente, ja, im Grunde alles, was zum Mysterium Gottes gehört, nicht annähernd erfassen kann. Das ist uns im Wortsinne zu hoch. Es ist damit wie mit der Zeitlosigkeit, mit der Unendlichkeit. Da gibt es etwas, was man nicht wirklich fassen kann. Man kann Unendlichkeit nicht denken. Das verstehen übrigens viele Menschen mühelos. Aber sie sind nicht bereit, dies auch für das Mysterium Gottes zu akzeptieren. Warum wohl?

wb: Damit sind wir mal wieder an einer Grenze der Vernunft angelangt.

il: Wer die Grenzen der Vernunft überschreitet, wird unvernünftig. Ein aktuelles Beispiel aus der Welt der Naturwissenschaften sind gewisse Hirnforscher, die uns dank ihrer Forschungen und kraft ihrer wissenschaftlichen Autorität den freien Willen nehmen wollen. Trifft das zu, dann ist der Mensch letztlich nichts anderes als ein besonders fein konstruierter Roboter. Er tut, was sein Gehirn will, und das Gehirn folgt den Gesetzen der Evolution.

wb: Damit widersprechen solche Wissenschaftler nicht allein der göttlichen Schöpfung – denn das tun bekanntlich alle, die nicht an Gott glauben –, sondern sie rütteln – wie Jürgen Habermas richtig sagt – an den Grundlagen der menschlichen Zivilisation. Sie stellen die Regeln des menschlichen Zusammenlebens in Frage. Denn wenn es keinen freien Willen gibt, kann es auch keine Schuld geben.

il: Jeder Kriminalprozess wäre dann eine absurde Veranstaltung.

wb: Aber natürlich. Im Übrigen wäre schließlich auch die Frage zu stellen, worin dann noch ein wesentlicher Unterschied zwischen Mensch und Schimpanse bestehen könnte.

il: Dass solche Hirnforscher überhaupt ernst genommen werden, sagt doch einiges über den zutiefst pathologischen Zustand unserer Gegenwart aus. „Denn sie wissen nicht, was sie tun", fällt mir dazu nur noch ein.

wb: Das ist kaum zu verstehen. Im Grunde erleben wir hier eine Wiedergeburt des Vulgärmaterialismus von Büchner und Moleschott – Mottenkiste des 19. Jahrhunderts!

il: In Wahrheit ist der Mensch viel mehr. Er ist das Ziel der Schöpfung, die Krone der Schöpfung, weil mit Verstand und Freiheit begabt und insofern Ebenbild des Schöpfers.

wb: Hören Sie dazu: In der Philosophie gibt es den Satz „Homo quodammodo omnia": Der Mensch ist in gewissem Sinne alles.

il: Der Mensch ist alles. Wir sind allesamt „Sternenstaub". Wir sind physisch oder chemisch aus demselben Stoff, aus dem auch das Universum besteht. Und es ist nur eine winzige Verschiebung der Blickachse, wenn man uns nun auch mit dem Schöpfergeist des Universums in Verbindung bringt. Wenn wir Sternenstaub sind, dann haben wir auch Anteil an dem Geist, der alles geschaffen hat. Aber jemand, der nur an das glaubt, was er wissenschaftlich, d. h. mathematisch-physikalisch-chemisch-biologisch, beweisen kann, der sich also in der naturwissenschaftlichen Engführung des Denkens so eingekapselt hat, dass er da gar nicht mehr hinausschaut, der ist keineswegs an der Spitze des heutigen wissenschaftlichen Denkens, sondern der denkt immer noch so wie die Atheisten des 19. Jahrhunderts. Für die war der Mensch so eine Art Dampfmaschine, so schon 1747 Julien Offray de La Mettrie's Buch: „L'homme machine"!

wb: Ja, das war der Vulgärmaterialismus und der ungebremste Fortschrittsoptimismus des 19. Jahrhunderts. Sie erinnern sich: „Der Gedanke verhält sich zum Gehirn wie der Urin zu den Nieren" oder Feuerbach: „Der Mensch ist, was er isst" etc.! Das verkündeten die Propheten des 19. Jahrhunderts!

il: Heute haben sie sich vom Bild der Dampfmaschine gelöst. Ersatzweise ist jetzt der Computer groß in Mode gekommen. Der Fortschritt jener, die Mensch und Welt rein naturwissenschaftlich erklären wollen, lässt sich am Wandel ihrer technisch inspirierten Beispiele ablesen. Das jeweils Neueste ist ihnen gerade gut genug. Der ungebremste Fortschrittsoptimismus ist dann allerdings mit der Atombombe auf Hiroshima kollabiert.

Durch Hiroshima hat der Mensch der Neuzeit zum ersten Mal begriffen, dass es Grenzen gibt, die zu überschreiten den Weltuntergang bedeuten kann – oder zumindest das Ende der Menschheit auf unserer Erde.

Und hier sind wir wieder bei den Toten. Wir beten in jeder katholischen Messe für unsere Toten, und dann kommt immer diese Formel vor, dass die Toten Gott von Angesicht und Angesicht schauen mögen. Was ist damit gemeint? Was passiert nach dem Tod und vor dem Jüngsten Gericht?

wb: Der Mensch tritt mit dem Augenblick des Todes in die Endgültigkeit ein und erfährt auch sofort sein persönliches Gericht. Nicht erst am Ende. Er befindet sich jedoch in einem „Zwischenzustand", insofern es sich bis zur Auferstehung um eine leiblose Existenz handelt.

il: War das theologisch immer schon so klar?

wb: Vergessen Sie bitte nicht: Theologische Klärungen erfolgen im Allgemeinen dann, wenn entsprechende Fragen auftauchen. Im 14. Jahrhundert hat es eine Kontroverse gegeben, die dann in diesem Sinne entschieden wurde.

il: Der Mensch erfährt sein persönliches Gericht sofort. Heißt das, es wird sofort entschieden, ob er in den Himmel kommt, in das Fegefeuer muss oder in der Hölle landet?

wb: Zunächst würde ich nicht von „Fegefeuer" sprechen – der volkstümliche Ausdruck könnte falsche Vorstellungen wecken. Reden wir doch besser von „Läuterungszustand". Es geht dabei darum, dass die Seele wegen ihrer durch die Sünde verursachten Verwundungen einer vermutlich schmerzhaften Läuterung bedarf, ehe sie zur beseligenden Begegnung mit Gott fähig ist. Damit aber nicht genug: Es steht dann nur noch die Auferstehung der Toten und die Vollendung des Kosmos aus.

DIE AUFERSTEHUNG UND DAS NICHTS

il: Aber jetzt würde ich gerne über die Auferstehung der Toten sprechen. Aber wann und wohin? Das ist nicht so leicht zu verstehen. Wann geschieht diese Auferstehung? Erst am Ende der Zeiten beim Jüngsten Gericht? Oder vorher? Und wer steht auf?

wb: Das ist ja ein wilder Querfeldeingalopp über die Themenwiese!

il: Ja, ich rede nun einmal gern so, wie mir der Schnabel gewachsen ist.

wb: Nun denn: „Auferstehung des Fleisches", das ist die bessere Übersetzung. „Carnis resurrectionem", heißt es im Lateinischen.

il: Woher weiß die Kirche das?

wb: Das weiß die Kirche aus der gleichen Quelle, aus der sie auch die übrigen Glaubenswahrheiten schöpft – aus der Bibel. Natürlich ist das ein Thema, das Widerspruch hervorruft. Augustinus hat das schon gesagt: „Der christliche Glaube stößt in keinem Punkt auf mehr Widerspruch als in Bezug auf die Auferstehung des Fleisches." Es scheint eben nichts endgültiger als der Zerfall eines Leichnams in seine materiellen Bestandteile.

Demgegenüber lehrt der Apostel Paulus eindeutig die leibliche Auferstehung am Ende der Zeit. In seinem 1. Brief an die Christen in Korinth heißt es: „… und dann werden die Toten auferstehen in Unverweslichkeit, und wir werden verwandelt werden." Und er fährt fort: „Nun könnte einer fragen: Wie stehen die Toten auf? Mit was für einem Leibe werden sie kommen? Du Tor, was du säst, muss erst absterben, ehe es zum Leben kommt. Und was du säst, ist nicht die Pflanze, die erst werden soll, sondern ein bloßes Samenkorn, etwa Weizen, oder sonst etwas. Gott aber gibt ihm eine Gestalt, wie er will, und zwar jedem Samenkorn seine eigene Gestalt" (15, 35ff.).

Und weiter: „Gesät wird in Verweslichkeit, auferweckt in Unverweslichkeit … Gesät wird ein irdischer Leib, auferweckt ein geistiger Leib …" Übrigens gibt es schon im Alten Testament deutliche Hinweise auf die endzeitliche Auferstehung der Toten.

il: Glauben die Juden auch an die Auferstehung des Fleisches?

wb: Die Pharisäer ja, aber nicht die Sadduzäer.

il: Gibt es die Sadduzäer denn heute noch?

wb: Ja, nicht dem Namen nach, aber de facto, natürlich. Es gibt doch viele, die weder an Engel noch an die Auferstehung der Toten glauben.

il: Für mich ist die Frage der Auferstehung deswegen existentiell, weil es nur darum geht, ob nach meinem Tod alles vorbei ist oder ob es auf andere Weise weitergeht. Ich kann durch diese Tür hier gehen und draußen von einem herabfallenden Ziegelstein erschlagen werden. Kurzum: Mein Ende kenne ich nicht.

Jeder Mensch weiß das und kann doch glücklich sein. Für einen Atheisten wie Albert Camus war es ein Wagnis, nicht an Gott und deswegen auch nicht an ein Leben nach dem Tode zu glauben. Nach Camus muss der Mensch im Absurden und im Exil einer schweigenden Welt leben. Für ihn gibt es aus diesem Exil keinen Fluchtweg, weder zurück in ein verlorenes Paradies noch nach vorn in ein Gelobtes Land.

wb: Gegen Kierkegaard und Pascal ist es für Camus eine Gewissheit, dass die Erfahrung des Absurden nicht zu Gott führt. Camus weiß nicht, ob diese Welt einen Sinn hat, der über sie hinausgeht.

il: Ich weiß. Mich hat in meiner Jugend an Camus dieser vermeintliche Mut fasziniert: ganz allein in der Welt zu sein und dennoch auszuharren. Das ist bekanntlich die Pose des Existentialismus. Es war nur eine Pose, aber sie hatte in gewisser Weise doch etwas Ehrenwertes. Camus ringt mit der Gottesfrage und kommt schließlich zu dieser berühmten Neuauflage des Mythos vom Sisyphos. Also die Geschichte vom Mann, der jeden Tag neu seinen schweren Felsen den Berg hinaufrollt, obwohl er weiß, dass dieser Felsen ihm oben aus den Händen gleiten und wieder hinabstürzen wird. Er nimmt diese sinnlose Last auf sich.

wb: Aber dass die Folge davon die pure Verzweiflung ist, ist doch unausweichlich! Allerdings, meinen Sie, ist es eine heroische Verzweiflung! Aber was hat er von einem solche Heroismus?

il: Den Heroismus, würde ich sagen. Und Jugend will heroisch sein, will Großes tun, am liebsten Weltumstürzendes. Camus' Atheismus hat für mich nichts Primitives. Bei seinen Epigonen ist er allerdings schrecklich primitiv geworden. Da stellt sich niemand mehr tapfer in die Eiswüste des Unglaubens. Im Gegenteil: Der missionarische Atheismus hat es sich im Unglauben ganz gemütlich eingerichtet. Vielleicht ist es eine Art Satyrspiel, also wirklich der Kehraus vor dem Ende. Doch wie dem auch sei: Die Frage nach dem Leben nach dem Tod ist in der Welt, und wir müssen eine Antwort darauf geben. Und sie lautet: kein Ende nach dem letzten Atemzug.

wb: Die Auferstehung betrifft in der Tat nicht nur den Geist des Menschen, sondern auch seinen Leib. Weil der Mensch „Geist in Leib" ist. Und eine ewige Vollendung des Menschen in fragmentarischer Form wäre unsinnig. Denn es würde bedeuten, dass die Erschaffung des Leibes letzten Endes ins Leere ginge. Wenn der Mensch nicht auch leiblich auferstehen würde, dann würde in gewissem Sinne „alles" nicht leiblich auferstehen. Das heißt also, dass ohne die leibliche Auferstehung des Menschen die ganze Schöpfung unvollendet und damit letztlich sinnlos bleiben würde!

il: Was meint denn „Auferstehung" genau?

wb: „Auferstehung" meint Wiederherstellung der seinsmäßigen Einheit von Geist und Leib des

Menschen, und zwar in jener vollendeten Form, die der ursprünglichen Idee des Schöpfers entspricht – jener Idee, deren Verwirklichung durch das freie, bewusste „Nein" des Menschen zu Gott durchkreuzt worden war.

il: Also: Jenes Paradies der Wonnen und Lüste, in welchem im Islam dem Märtyrer des Propheten 70 Jungfrauen zugeführt werden …?

wb: Nein, ganz gewiss nicht! Der Auferstehungsleib des Erlösten wird jene Eigenschaften haben, die wir aus dem Neuen Testament vom Leib des österlichen Christus kennen: Er war frei von allen durch Raum und Zeit bzw. irdische Körperlichkeit bedingten Einschränkungen.

DAS PERSÖNLICHE GERICHT

il: Wenn der Mensch sein persönliches Gericht sofort erfährt, wozu dann noch Jüngstes Gericht?

wb: Das betrifft nicht das Individuum in erster Linie, sondern die Menschheit als Ganzes.

il: Ja, aber wenn man schon im Himmel ist, kann man doch nicht wieder vor Gottes Thron gezerrt werden, oder doch?

wb: Das sind doch allzu menschliche Vorstellungen!

il: Das Jüngste Gericht betrifft die dann noch lebende Menschheit?

wb: Ja, aber nicht nur sie! Es wird im Weltgericht die Weltgeschichte aufgearbeitet. Die gesamte Menschheitsgeschichte.

il: Die gesamte Menschheitsgeschichte wird aufgearbeitet? Gibt es da Vorstellungen, wie das ist, was da passiert?

wb: Liber scriptus proferetur ... „und ein Buch wird aufgeschlagen, drin ist alles eingetragen, jede Schuld aus Erdentagen ..." So heißt es im „Dies irae", das Sie aus Mozarts Requiem kennen. Das ist natürlich nur ein Bild – aber was für ein Bild für was für eine Wirklichkeit! Eine Wirklichkeit, für die es keine Worte gibt! Vor ihr versagen alle Vorstellungen.

il: Jede Schuld? Alles, was einmal gewesen ist?

wb: Ja. Das ist dieses gewaltige Welttheater, vor dem alle Hintergründe offenbar werden. Ein Augenblick, den der Historiker mit ungeheurer Spannung erwartet – es wird die Stunde der Wahrheit schlechthin sein, der totalen Erkenntnis und definitiven Gerechtigkeit.

DER RAUCH DES SATANS

il: Und all das wird man dann auch als kleine menschliche Seele mitbekommen? Genauso, wie es im Neuen Testament heißt: Jetzt schauen wir noch in einen dunklen Spiegel, aber einst werden wir klar sehen? Ist das damit angedeutet?

wb: Angedeutet ja – mehr ist noch nicht möglich.

il: Das ist also gar keine Metapher.

wb: Es ist ein Vergleich. Aber von dunklen Spiegeln ist auch nicht die Rede.

il: So habe ich es im Kopf. Wovon ist dann die Rede?

wb: Lesen Sie 1 Korinther 13!

il: Sie meinen den 1. Brief des Apostels Paulus an die Korinther? Und was steht da?

wb: „Denn Stückwerk ist unser Erkennen, Stückwerk unser Prophezeien, kommt aber die Vollendung, so hört das Stückwerk auf. Als ich noch ein Kind war, redete ich wie ein Kind, dachte ich wie ein Kind, urteilte wie ein Kind. Als ich ein Mann wurde, legte ich ab, was Kind an mir war. Jetzt schauen wir in einen Spiegel und sehen nur rätselhafte Umrisse, dann aber schauen wir von Angesicht zu Angesicht. Noch ist mein Erkennen Stückwerk, dann werde ich aber so erkennen, wie ich selbst erkannt werde."

il: Sehr schön. Und dann kommt der weltberühmte Schluss: „Für jetzt bleiben Glaube, Hoffnung, Liebe, diese drei; doch am größten unter ihnen ist die Liebe."

wb: Aber sagen Sie mir jetzt bitte: Glauben Sie wirklich, dass all das die Skeptiker etc., die ja unser Buch auch lesen sollen, wirklich interessiert?

il: Das hoffe ich doch sehr. Es kann doch keinem Menschen gleichgültig sein, was nach seinem Tod mit ihm geschieht. Und – Verdrängung dieser Frage ist auf Dauer nicht möglich.

wb: Nein? Was sagen Sie denn?

il: Bei Licht betrachtet, sind die kernigsten Materialisten doch alle miteinander Gläubige. Zwar nicht im christlichen Sinne, aber so, wie es Gilbert K. Chesterton gesagt hat: „Wenn die Menschen aufhören, an Gott zu glauben, dann glauben sie nicht an nichts, sondern an alles Mögliche."

wb: Damit hat er wieder einmal den Nagel auf den Kopf getroffen.

il: Das Problem ist nur, dass viele zwar an allen möglichen esoterischen Klimbim glauben oder sich ernsthaft in die außerordentlich schwierigen Lehren des Buddhismus vertiefen, aber sie glauben nicht mehr an die Tatsachen – nämlich Himmel oder Hölle, d. h. ewige Vollendung oder endgültiger Untergang.

wb: Sie haben natürlich Recht – auch damit, dass dieses Thema kaum mehr in den Predigten vorkommt. Nicht wenige Priester haben Angst, für Ewiggestrige gehalten zu werden, wenn sie davon reden! Dennoch: Die Möglichkeit, dass ein Mensch für ewig scheitert, besteht ganz real. Jesus selbst und die Apostel sprechen davon in drastischen Bildern! Das kann und darf man nicht unterschlagen!

il: Gewiss nicht! Es ist vielmehr hochaktuell. Die Menschen haben Angst vor dem Altwerden. Eine ganze Industrie lebt davon. Und sie haben Angst vor dem Tod. Deshalb verdrängen sie ihn. Sperren ihn aus ihrem Leben aus. Die sogenannten Anti-Aging-Programme wollen den alten Menschheitstraum vom Jungbrunnen realisieren! Mediziner arbeiten mit und für viel Geld daran, ein menschliches Klon zu kreieren, das dann als Ersatzteillager für den Bedarfsfall bereitsteht.

Der zweite Baum im Paradiesgarten kommt in den Blick, dessen Frucht war das ewige Leben. Und damit Adam und Eva nicht auch noch davon essen konnten – sie hatten ja schon verbotenerweise vom Baum der Erkenntnis gegessen –, vertrieb sie der Herr aus dem Paradies. Auch der „moderne Mensch" will ewig leben. Aber an die andere Alternative, die ewige Katastrophe, glaubt er nicht. Die hält er für Zweckpropaganda machthungriger Päpste und Kleriker. „Frohbotschaft statt Drohbotschaft", mit dieser Parole ist doch Eugen Drewermann jahrelang sehr erfolgreich durch die Lande getingelt. Damit schien „Hölle" abgetan.

wb: Kann man aber einen Teil der Wirklichkeit ungestraft unterschlagen?

il: Wenn ich recht sehe, dann besteht die Kunst des Predigers doch gerade darin, die ganze Wahrheit zu sagen, ohne sich den Vorwurf aufzuhalsen, er wolle den Menschen das Leben hier auf Erden vermiesen.

wb: Aber wer vermiest denn hier? Es wird mit der Botschaft von der Sünde und ihren Folgen doch auch die Botschaft von der Vergebung verkündet. Wozu also die Aufregung?

il: Wozu die Aufregung, fragen Sie? Aber wieso kommt es dazu, dass nicht wenige Priester heute diese Themen nicht oder nur ungern behandeln?

wb: Da werden Sie jeden Einzelnen von ihnen fragen müssen!

il: Das sind aber recht viele! Was ist da in die Kirche hineingefahren?

wb: „Der Rauch Satans", sagt Papst Paul VI.

il: Wirklich? Hat er das gesagt? Deshalb also werden wir ermahnt: „Seid nüchtern und wachet, euer Widersacher, der Teufel, geht umher wie ein brüllender Löwe und sucht, wen er verschlinge" (1. Petrusbrief 5,8).

wb: Tut er, jedenfalls sagt das der Apostel Petrus – und die Erfahrung gibt ihm recht. Umso wichtiger ist es, bei alldem das Ziel nicht aus dem Auge zu verlieren, und das ist das ewige Leben!

il: Was sagt uns nun aber die katholische Kirche dazu?

wb: Das ewige Leben besteht in der totalen Vollendung des Menschen, in der Erfüllung seines genuinen Verlangens nach Wahrheit, nach Erkenntnis und nach Liebe in einer unvorstellbaren Intensität, in der beglückenden Gemeinschaft mit dem dreieinigen Gott und den Erlösten.

AMEN

il: Das letzte Wort im Glaubensbekenntnis heißt Amen. Amen, sagen wir Christen ja oft. Warum? Was ist der Kern des Wortes?

wb: Amen ist die Bekräftigung dessen, was gesagt wurde. Ja, so ist es.

il: Aus welcher Sprache kommt das?

wb: Aus dem Hebräischen.

il: Also kein griechisches, kein lateinisches Wort am Ende des Credo, sondern ein hebräisches Wort als Schlusspunkt. Womit wir wieder beim Alten Bund wären. Amen, soll das auch unser Schlusswort sein oder wollen Sie mir noch etwas zur Bedeutung des Credo sagen? Warum braucht die Kirche überhaupt ein Glaubensbekenntnis?

wb: Für die Glaubensgemeinschaft der Kirche ist die Definition ihrer Glaubensgrundlage, ihrer Existenzgrundlage, von entscheidender Bedeutung. Nur durch den Konsens auf dieser Grundlage entsteht die Gemeinschaft.

il: Es ist also so etwas wie die Geschäftsgrundlage.

wb: Ja, und gleichzeitig ist es doch auch ein Akt des Sprechens im Angesicht Gottes, ein Bekenntnis Gott gegenüber. Indem ich von mir aus ausspreche, was er offenbart hat, erkläre ich mich gleichsam einverstanden damit; und dieser Akt des Sprechens ist auch ein öffentliches Bekenntnis gegenüber der Gemeinschaft, der ich angehöre. Oder angehören möchte.

il: Und dann kommt so etwas wie ein Pakt zustande. Jedesmal wenn ich meinen Glauben bekenne, schließe ich mich mit Gott kurz, stelle ich mich auf seine Seite.

wb: Ja, es ist dies eine Bekräftigung. Und eben das ist der Sinn von Amen! Ich sage „Ja" zur Wahrheit des Glaubens.

il: Die Wahrheitsfrage also. Dass es eine Wahrheit gibt, ist interessanterweise erst wieder seit dem Ende des Sowjetimperiums heiß umstritten. Davor wollte der Marxismus-Leninismus die Wahrheit besitzen. Der Sieg des Kommunismus war, wir erinnern uns gut, wissenschaftlich eindeutig bewiesen worden. Die Partei hat immer Recht. Nun ja. Da hatten sich Marx, Engels, Lenin, Stalin und Mao Tse Tung offenbar geirrt. Doch inzwischen behaupten viele von denen, die gestern noch Marxisten waren oder mit dem Marxismus sympathisierten, dass es überhaupt keine Wahrheit gibt. Gerne zitiert wird in diesem Zusammenhang die Ringparabel in Lessings „Nathan der Weise".

wb: Ja, ja! Die bekannten drei Ringe für die drei Religionen Judentum, Christentum, Islam. Welcher davon ist der vom Vater stammende echte Ring, welche beiden Ringe sind eine spätere Kopie? Das ist die Frage. Lessings Lösung lautet: Der echte Ring lässt sich durch eine Ringprobe nicht herausfinden, die echte Religion zeigt sich in den Taten ihrer Anhänger.

il: So kann man es sehen. Heute wird die Ringparabel aber gerne so interpretiert: Die Wahrheit ist verloren gegangen. Man kann sie nicht wiederfinden, sondern bestenfalls sich ihr annähern. Manche gehen sogar noch weiter und behaupten, Wahrheit gibt es überhaupt nicht oder jeder hat seine je eigene Wahrheit.

wb: Das ist dann Relativismus pur.

il: Also jene Denkrichtung, die davon ausgeht, dass die Wahrheit eine höchst subjektive Angelegenheit ist.

wb: So ist es. Der Weg von dort zum Nihilismus ist nicht weit. Doch wenn es keine übersubjektive Wahrheit gibt, dann gibt es auch keine allgemein gültigen ethischen Werte.

il: Nun denn: Das war es wohl. Wir sind am Ende unseres Gesprächs angekommen. Was ist unser Fazit? Wenn man überhaupt nach einem so langen Hin und Her ein Fazit ziehen soll. Unsere Stoßrichtung wird in dem provozierenden

„Atheismus? Nein danke!" deutlich und unser Anliegen in dem „Glauben ist vernünftig". Welches Fazit würden Sie denn ziehen?

SUMMA SUMMARUM

wb: Ich meine dies: Welt und Mensch existieren nicht aus sich selbst, sie erklären sich auch nicht aus sich selbst. Sie sind Werk eines ursprungslosen unendlichen Geistes. Dieser ewige Logos ist mit seinem Geschöpf Mensch in Verbindung getreten, um sich ihm mitzuteilen. Das geschah durch seinen Eintritt in die menschliche Geschichte in der Gestalt Jesu von Nazaret. Dass dem so ist, erkennen wir aus der Geschichte des Menschen Jesus von Nazaret, die Ereignisse enthält, welche den Rahmen menschlicher Möglichkeiten sprengen, deren Tatsächlichkeit jedoch historisch verifizierbar ist. Namentlich durch seine Auferstehung vom Tod hat Jesus seine Botschaft als wahr bewiesen.

Es kann nicht verwundern, dass der Inhalt dieser Botschaft gleichermaßen menschliche Kategorien und sprachliche Ausdrucksmöglichkeiten übersteigt. Dennoch können wir annähernd erfassen, was Jesus sagt – wissend, dass seine Botschaft stets größer ist als unsere Begriffe. Diese Erkenntnis und das Wissen um die Grenzen unserer Vernunft gestatten es Ihnen, der Kirche, die die Botschaft Jesu übermittelt, zu glauben – und zwar vernünftig zu glauben.

Literaturauswahl

H. BECK, Der Gott der Weisen und der Denker, Aschaffenburg [4]1970.
- **Anthropologischer** Zugang zum Glauben. Eine rationale Meditation, Salzburg – München [2]1982.
- **Nat**ürliche Theologie, München – Salzburg [2]1988.

K. BERGER, Qumran und Jesus, Stuttgart 1993.

O. BETZ – R. RIESNER, Jesus, Qumran und der Vatikan, Gießen 1993.
- **Ver**schwörung um Qumran?, Rastatt 1999.

W. BRANDMÜLLER (Hrsg.), Qumran und die Evangelien, Aachen 1994.
- **Wer** ist Jesus Christus? Mythen, Glauben und Geschichte, Aachen 1995.
- **My**sterium Kirche: Sozialkonzern oder Stiftung Christi, Aachen 1996.

K. FERRARI d'OCCHIEPPO, Der Stern von Bethlehem in astronomischer Sicht. Legende oder Tatsache?, Gießen [3]1999.

D. HATTRUP, Einstein und der würfelnde Gott. An den Grenzen des Wissens in Naturwissenschaft und Theologie, Freiburg i. Br. 2001.
- **Die** Wirklichkeitsfalle. Vom Drama der Wahrheitssuche in Naturwissenschaft und Philosophie, Freiburg i. Br. 2003.

G. HORST, Gott ja, Kirche nein, I–II Aachen 1997.

KATECHISMUS DER KATHOLISCHEN KIRCHE, Leipzig 2003.

G. KROLL, Auf den Spuren Jesu. Sein Leben, sein Wirken, seine Zeit, Leipzig [12]2002.

J. LENNOX, Hat die Wissenschaft Gott begraben? Eine kritische Analyse moderner Denkvoraussetzungen, Haan 52006.

U. LÜKE, Das Säugetier von Gottes Gnaden. Evolution, Bewußtsein, Freiheit, Freiburg i. Br. 2006.

B. PIXNER – R. RIESNER, Wege des Messias, Gießen 1994.

R. RIESNER, Essener und Urgemeinde in Jerusalem, Gießen [2]1998.

H. STAUDINGER, Glauben im dritten Jahrtausend. Der Anspruch der christlichen Offenbarung, Würzburg 1999.

L. SIMON (Hrsg.), Wissenschaft contra Gott? Glauben in einem atheistischen Umfeld (= Christliches Professorenforum Bd I), Häussler, Holzgerhägen 2007.

T. DOMINGO PÉREZ, El unilagro de Calanda y sus fuentes históricas, Zaragoza 2006.

R. SPAEMANN, Das unsterbliche Gerücht. Die Frage nach Gott und die Täuschung der Moderne, Stuttgart 2007.